U0588665

制度关怀塑造大学生全面发展
——高等教育管理内涵式探究

孙小龙　著

新华出版社

图书在版编目 (CIP) 数据

制度关怀塑造大学生全面发展：高等教育管理内涵式探究 / 孙小龙著 . — 北京：新华出版社，2022.5

ISBN 978-7-5166-6288-5

Ⅰ . ①制… Ⅱ . ①孙… Ⅲ . ①高等教育 – 教育管理 – 研究 – 中国 Ⅳ . ① G649.2

中国版本图书馆 CIP 数据核字（2022）第 084594 号

制度关怀塑造大学生全面发展：高等教育管理内涵式探究

著　　者：孙小龙				
责任编辑：蒋小云		封面设计：马静静		
出版发行：新华出版社				
地　　址：北京石景山区京原路 8 号		邮　　编：100040		
网　　址：http ://www.xinhuapub.com				
经　　销：新华书店				
新华出版社天猫旗舰店、京东旗舰店及各大网店				
购书热线：010-63077122		中国新闻书店购书热线：010-63072012		
照　　排：北京亚吉飞数码科技有限公司				
印　　刷：北京亚吉飞数码科技有限公司				
成品尺寸：170mm × 240mm				
印　　张：12.5		字　　数：210 千字		
版　　次：2023 年 3 月第一版		印　　次：2023 年 3 月第一次印刷		
书　　号：ISBN 978-7-5166-6288-5				
定　　价：72.00 元				

版权专有，侵权必究。如有质量问题，请联系调换：010-82951011

前　言

　　21世纪以来,高等教育在国家发展战略中的地位越来越突出,在经济社会发展中的作用也从间接推动转变为直接拉动,经济和社会发展比任何时候都更加依靠知识的更新、人们素质的提高、科技的创新及教育的发展。因此,世界各国均对高等教育改革予以高度的重视。

　　改革开放以来,我国高等教育伴随着社会经济迅猛发展的步伐,从精英教育阶段迈向了大众化教育阶段。高等教育的发展为我国社会主义现代化建设提供了强有力的智力支撑,发挥了巨大作用,并为21世纪新的历史时期的发展奠定了坚实基础。

　　但高等教育规模的迅速扩大并不意味着高等教育管理就可以与时俱进,事实上,由于新中国成立以来我国对于高等教育态度的几次反复,高等教育管理并没有来得及形成一个合理的管理体系,而随着高校的扩招,管理的矛盾更加凸显,正是由于管理体制和执行上的种种问题,我国高等教育虽然在广度上的拓展程度不断增强,但是在深度研究和精英教育上的成就并不大,这也是社会对于高等教育形成诟病的原因。鉴于此,特撰写了本书。希望能够为我国高等教育管理的发展与改革提供一些有益的参考。

　　本书共包括八章内容:第一章和第二章分别对高等教育管理以及高等教育管理体制的相关内容进行了简要研究,第三章至第八章分别对高等教育中的学习管理、情绪管理、人际交往管理、恋爱管理、思想道德教育以及就业管理进行了系统研究。总体来说,本书结构清晰明了,内容丰富翔实,理论明确系统,语言准确通俗,具有全面性、实用性和可操作性等特点。

本书在撰写过程中参阅了许多有关高校管理方面的著作,同时也引用了许多专家和学者的研究成果,在此表示最诚挚的谢意!赵珂珂、程品品老师参与了本书的撰写工作,在此一并表示感谢。由于时间仓促,作者水平有限,错误和不当之处在所难免,恳请广大读者在使用中多提宝贵意见,以便本书的修改与完善。

作　者

2021 年 12 月

目　录

第一章　高等教育管理概述

教育是 21 世纪我国国民经济建设的战略重点之一,是科教兴国的重要组成部分,是建设物质文明和精神文明的重要条件。随着高等教育在社会政治、经济、文化、科技等方面发挥越来越重要的作用,人们更加重视对高等教育活动的管理。高等教育管理成为提高高等教育效益与质量,促使高等教育适应社会发展的重要环节和手段。本章即对高等教育管理的相关知识进行简要阐述。

第一节　高等教育管理的内涵

一、高等教育管理的概念

高等教育管理是指由专人或专门机构负责的,组织有关人员合理配置高等教育资源、高效地完成高等教育预定目标的活动或行为。[①] 在理解这个定义时,需要明确以下几点。

（一）高等教育管理者、办学者和举办者的职责

高等教育行政管理者主要是国务院和省、自治区、直辖市两级教育行政部门。高等教育的办学者,是以高等学校法人为代表的学校领导、管理者集体。高等教育的举办者是出资创办高等学校的主要组织、机构、团体或个人。在我国,由于举办者的不同,高等学校可分为公办高等学校和民办高等学校。

公办高等学校主要由各级政府举办,民办高等学校则以社会力量办

---

① 柯佑祥.高等教育管理 [M].上海：华东师范大学出版社,2000.

学为主,包括各民主党派、团体、私营企业、公民个人创办的高等学校。高等教育管理者主要包括高等教育行政管理者和高等教育办学者,即高等教育行政主管部门和高等学校。在我国,公办高等学校的举办者也是行政管理者,因而属于高等教育管理者的范畴。但是,从严格意义上讲,高等教育的举办者和行政管理者是有明显区别的,两者混为一谈不利于高等教育管理决策的科学化和民主化进程,易于出现外行管理内行之弊端。目前,我国高等教育管理体制改革的一大任务就是要将高等教育的举办者和行政管理者独立分开,明确两者的职责范围,借助法律、经济、行政等多种手段,充分发挥高等教育行政管理者的作用,提高高等教育行政管理者的效益,从而保证高等学校真正成为独立的办学实体。

(二)高等教育管理的范围涉及高等教育系统内外

1. 就外部而言

任何一级的高等教育管理都离不开计划部门、财政部门的参与,否则,高等教育管理者就无计划可施行、无财源可配置。

2. 就内部而言

高等教育管理是建立在高等教育系统基础之上,脱离高等教育系统的高等教育管理也就成为无源之水、无本之木,从而失去存在的意义。所有这些都是由高等教育的客观规律和客观现实所决定的。

二、高等教育管理的分类

根据不同的标准,可以将高等教育管理分为不同的类型(图1-1)。

(一)根据管理的职能进行分类

根据管理的职能,高等教育管理可以分为宏观高等教育管理和微观高等教育管理。

1. 宏观高等教育管理

宏观高等教育管理是指专人或专门机构负责、组织的对事关高等教育发展方向,目标重大但不涉及高等教育内部具体的结构、运行机制的活动的管理。其管理者包括高等教育的举办者和高等教育行政管理者，在管理的内容和范围上包括对高等教育系统以外与高等教育发展有直接密切联系的活动的管理。1985 年，我国撤销教育部，成立国家教育委员会，其根本宗旨就是为了从宏观上调动各方面的积极因素，促进教育事业的发展。就高等教育而言，国家教育委员会的成立意味着各部委有关高等教育的事务活动都要服从国家教育委员会的业务目标指导，国务院各部委要从经费、人员配置、计划等方面给予国家教委在发展高等教育时以大力支持。在我国计划经济条件下，这种模式对高等教育的发展曾起过较大的积极作用。但随着市场经济的确定和日趋成熟，直接的行政干预管理高等教育的方式显得越来越不适应，高等教育行政主管机构的职能发生了变化，于是，1998 年，国家撤销国家教委，恢复设置教育部，教育部在高等教育管理方面主要行使对国家高等教育的宏观调控职能。

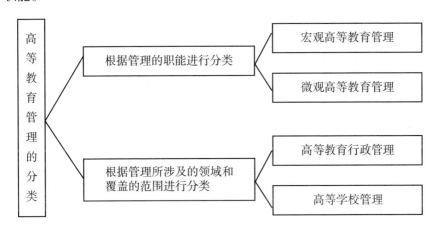

图 1-1 高等教育管理的分类

2. 微观高等教育管理

微观高等教育管理是指专人或专门机构对高等教育内部具体结构、运行机制及其有关的活动的管理。高等学校的财务管理、教学管理、学生管理、高校后勤社会化、高校的社会捐赠机制、高校的校办产业开发等都属于微观高等教育管理的范畴。

（二）根据管理所涉及的领域和覆盖的范围进行分类

根据管理所涉及的领域和覆盖的范围进行分类，可以将高等教育管理分为高等教育行政管理和高等学校管理。

1. 高等教育行政管理

高等教育行政管理是宏观高等教育管理的重要组成部分，宏观高等教育管理除了包括高等教育行政管理外，还包括高等教育系统以外但与高等教育密切相关的行政事务的管理。高等教育行政管理，在内容上包括教育方针和目的、高等教育制度、高等教育行政管理者、高等教育事业计划、高等教育财政、高等教育的国际交流等内容。

2. 高等学校管理

高等学校管理属于微观高等教育管理的范畴，其含义是指高等学校内部系统的管理活动，其目的是为了实现高等学校教学、科研、为社会服务的三大职能，促进高等学校主动适应社会政治、经济、文化科技等发展的需要。高等学校管理包括高等学校人、财、物、事、教学、科研等众多事务的管理，是影响高等教育管理效益的最直接因素。

三、高等教育管理的必要性

（一）高等教育在国家建设中具有重要的地位和作用

实践证明，没有受过高等教育、不掌握现代科学技术的人，就不能掌握现代化的生产手段，不能运用先进的科学技术，无法实现现代化的科学管理，当然也就谈不上建设现代化的强国了。高等教育在国家建设中的地位和作用具体体现在经济功能、政治功能、文化功能、科学研究功能等社会的功能上。科学地管理高等教育是发挥高等教育社会功能的关键所在。

（二）高等教育内部、内部与外部之间普遍存在的矛盾关系使高等教育系统的协调成为必需

矛盾的协调和解决是高等教育系统存在和发展的前提。社会对高等教育系统的资源投入总是有限的。高等教育资源的有限性制约着高

等教育系统内部的一切活动。对高等教育系统来说,个人与个人之间、个人与整体之间,以及系统与环境之间的矛盾构成了高等教育系统的矛盾。为了解决这三类矛盾,需要增加对高等教育系统的投资,加强其科学管理,通过管理活动,充分调动系统内外人员的积极性,妥善协调高等教育系统内外的各种关系,最大限度地发挥高等教育投资的效益,实现高等教育的目标。

第二节　高等教育管理的本质与特点

一、高等教育管理的本质

高等教育管理的本质是由高等教育管理活动内在的特殊矛盾所决定的。研究高等教育管理的本质,目的在于揭示高等教育管理活动的内在特殊矛盾,进而掌握和驾驭高等教育管理活动的规律。高等教育管理的本质就是协调高等教育系统丰富的人力资源、有限的物力资源投入与高效益地实现高等教育总目标之间的矛盾。高等教育系统的总目标是,培养高级专门人才,发展科学技术,积极、主动、全面地适应社会经济、政治、科技、文化等的发展需要。高等教育管理活动就是充分调动高等教育系统的人力和物力资源投入,包括教师、学生、非教学人员、资金、信息、设施设备、教学科研服务等,通过有效的计划、组织、协调、配置等管理活动,实现各级各类的分目标,从而最有效地实现高等教育系统的总目标。在高等教育管理活动中,上述高等教育管理对象能量的发挥受高等教育内部因素,如学校类别、学科性质、教师的知识能力结构与年龄结构、招生规模等的影响;受外部因素包括社会的政治体制、经济体制和经济发展水平、科技发达程度和文化基础等的影响,因此,在配置、运用高等教育系统的资源时,就必然存在个人与个人之间、个人与整体之间、系统与环境之间的矛盾。这些矛盾的存在和激化将会影响高等教育的人才培养质量。为了高效地实现高等教育系统的总目标,必然要求管理者在高等教育管理活动中,妥善处理和协调这些决定高等教育发展进程的矛盾,保证高等教育系统的人力和物力资源能够得到最大程度的利用。

中国社会主义高等教育管理的本质,渗透在高等教育管理目标、管理价值、管理职能、管理体制的各方面、各层次、各阶段,主要体现在下列关系上。

第一,社会效益和经济效益的统一。

第二,人文目标与学术目标的统一。

第三,宏观管理和自主办学的统一。

第四,党的领导和民主办学的统一。

二、高等教育管理的特点

高等教育管理除了具有其他管理的基本特点外,还具有自身的特殊性,主要表现在以下几方面。

(一)高等教育管理对象的特殊性

1.人的管理的特殊性

高等教育系统的主要成员——高校教师和大学生,分别代表着不同的知识群体,他们在劳动和心理活动上与其他群体有着明显的差别。对他们的管理和协调要符合其劳动和心理特点。

2.高等教育投资的特殊性

相对于经济领域中的物质活动而言,高等教育投资的效益迟缓、滞后、回报期长,因而增加了高等教育管理效益的评估难度,制约着高等教育的发展规模、速度和质量。另外,它充分体现了高等教育发展规律和高等教育发展观念对高等教育发展的作用。与初等和中等教育相比较,就单位成本而言,高等教育要高得多。培养一个大学生所需费用比培养一个中学生和一个小学生的费用要高出几倍甚至十几倍,在目前高等教育经费严重不足的情况下,更加需要通过科学管理来提高经费的使用效益。

(二)高等教育管理目标的特殊性

高等教育系统目标的特殊性决定了高等教育管理目标的特殊性。高等教育系统的目标(即培养高级专门人才)是根据高等教育规律和社会发展需求来制定的。所以,高等教育系统的管理活动也应该以高等教育的规律为指导,着眼于提高人才的培养质量,将社会效益和经济效益统一起来;不能以企业管理的模式管理高等教育,只追求经济效益,以追求利润为目的。

（三）高等教育系统活动的特殊性

高等教育系统的主导性活动是传授、创造知识。这就要求高等教育管理活动一定要以学术目标作为主导目标,与高效的学术目标相一致。教学民主和学术自由是高等学校坚持以教学为中心、有效地开展科学研究的必要条件,对学术事务不恰当的行政干预,影响着广大高校教师教学科研的积极性,不利于高等教育系统总目标的实现。

第三节　高等教育管理的原则与方法

一、高等教育管理的原则

（一）高等教育管理原则确立的依据

任何管理活动,总是自觉或不自觉地遵循着某种原则,这就是管理原则。为了使管理活动有效,管理原则必须符合客观规律,并且不断地随着社会的变化而发展。确立高等教育管理原则,既要借鉴现代管理的一般理论,又要充分考虑高等教育管理的特殊背景;既要追求理论上的相对完备性,又要强调对实际工作的指导意义。尤其要分析各原则是否涵盖,以及在多大程度上涵盖整个高等教育管理领域,从而给高等教育管理原则以科学、客观、合乎逻辑的定位。概括来说,高等教育管理原则确立的依据主要包括以下几方面。

1. 既要遵循一般管理活动的客观规律,又要遵循高等教育的客观规律

一般管理活动的规律就是管理各基本要素之间内在的本质的联系和管理过程的逻辑关系。现代行政管理学的理论和方法就是对行政管理活动一般规律的认识和反映。行政管理思想经历了工业管理、人际关系、结构主义等发展阶段。教育管理在不同场合、不同程度上借鉴了行

政管理思想。例如,人际关系理论注意到员工的积极参与、满意、合作以及士气与团体的凝聚力,有可能使生产效率得到提高。这种思想也影响到教育行政管理人员寻找方法提高教师和学生的积极性和主动性,以期最大限度地发挥他们的创造力。虽然一般的管理理论与方法对高等教育管理原则的确立有一定的借鉴意义,但管理活动不能脱离事物本身的发展规律,高等教育管理必须遵循高等教育的客观规律。因此,认识和掌握高等教育的客观规律,是确立高等教育管理原则的客观依据。高等教育的一般基本规律包括以下两个方面。

第一,高等教育与社会协调发展的规律。

第二,高等教育与受教育者身心全面发展相适应的规律。

高等教育管理原则必须以这两个规律为前提。

与一般的管理活动相比,高等教育活动存在一些特殊规律,它们构成了这门学科专门的研究领域。例如,经济效益与社会效益的关系、人才培养与科学研究的关系等。高等教育管理原则的制定与人们对这些特殊规律的认同密切相关。

2. 高等教育管理原则的系统性

教育管理原则应构成一个系统,具有整体性、目的性和关联性。高等教育管理原则体系的整体性在于,各原则围绕怎样提高高等教育管理效率这一目标结合为一体,没有一条原则能脱离原则体系而整体存在。只有存在于原则体系中,每一条原则才有它的功能。而且原则体系的功能是以整体功能而论,整体功能不等同于各条原则功能的简单相加。各条原则只有在原则体系整体功能目标即提高高等教育管理效率的指导下,以合理的方式相互联系在一起并充分发挥各自功能,才能保证原则体系整体功能的实现。

(二)高等教育管理的基本原则

根据前面对高等教育管理原则确立的依据分析,高等教育管理基本原则体系应该包括以下几方面(图1-2)。

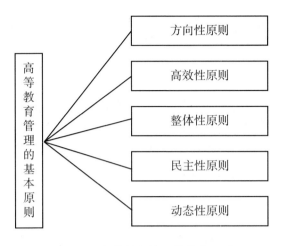

图 1-2　高等教育管理的基本原则

1.方向性原则

新时期党和国家的教育方针是：教育必须为社会主义现代化建设服务，与生产劳动相结合，使受教育者成为德、智、体、美、劳等方面全面发展的社会主义建设者和接班人。这一方针明确规定了我国高等教育政治方向和服务方向、教育目的和实现教育目的的基本途径。

第一，要坚持社会主义的政治方向。社会主义的高等教育管理，必须坚持社会主义的政治方向。教育是具有阶级性的，任何一种社会制度都要以它的意识形态教育和影响学生。高等教育管理必然受一定的生产关系和国家的政治经济制度的制约，有鲜明的阶级性。我国作为社会主义国家，要明确我国的高等教育是社会主义性质的，如果不首先明确我国高等教育的社会主义性质，那就谈不上有正确的办学方向。坚持社会主义的政治方向，要有现实针对性。人们要注意西方意识形态的渗透，注意国外敌对势力利用各种机会对我国施行"西化""分化"的阴谋，坚持高等教育管理的社会主义政治方向。

第二，要坚持为社会主义经济建设服务。在社会主义现代化建设中，人们始终要以经济建设为中心，不能干扰这个中心。高等教育为社会主义现代化建设服务，主要是通过培养社会主义经济建设需要的人才来实现的，这称之为高等教育的服务方向。

高等教育要坚持社会主义政治方向，同时要服务于经济建设这个中心，主动适应经济和社会发展的需要，从两个角度规定了高等教育的办学方向,各有侧重,相辅相成。因此,不能说高等教育的方向性只指政治方向,而没有别的内容,这是不全面的。

2. 高效性原则

高等教育管理的高效性原则是高等教育管理本质的直接体现和具体化。它要求以一定的高等教育资源投入,培养和提供更多的合格高级专门人才和高水平的研究成果。或者说,培养和提供一定数量的合格人才和研究成果,投入的高等教育资源要求最少。

3. 整体性原则

必须把高等教育管理放在整个社会环境中考虑。高等教育管理要以培养人才为中心,各方面活动的开展都要服从于培养人才这个首要任务。就政府对高等教育的宏观管理来说,首先要做好培养人才的决策和宏观控制,包括人才培养的预测规划、总体规模、发展速度、结构布局等,以及通过组织、计划、协调、立法、拨款、检查评估等手段,保证培养人才的数量和质量。就高等学校的管理来说,各部门的工作都要面向学生,不能各自为政。要处理好教学和科研的关系,使两者相互结合、相互促进。教学是高等学校培养人才的主要方式和基本途径。但是,不能把教学工作仅理解为课堂讲授。教学活动既包括通过课堂讲授使学生学到间接知识,也包括指导学生获得直接知识和掌握学习方法。另外,开展科学研究能够提高等学校教师的学术水平,充实和更新教学内容,改进教学方法,使教学质量不断提高。因此,不应该把科学研究和教学对立起来,而应该使两者互相结合、互相促进。

随着现代科学技术日新月异的发展,高科技向现代生产力转化越来越快,高新技术产业在整个经济中的比重不断提高,科技在经济发展中的作用越来越大。21世纪是高新技术迅速发展的世纪,我国改革开放和现代化建设进入承前启后、继往开来的关键时期,国家的经济建设和社会发展比以往任何时候都要更加倚重于科技进步。在这种形势下,高等学校特别是重点大学的科学研究工作更应大大加强。

直接为社会服务也是现代高等学校的一项重要社会职能。高等学校的培养人才、开展科学研究、为社会服务这三项职能是互相联系、相辅相成的。开展各种形式的社会服务,有利于加强学习与社会的联系,增强主动适应经济发展和社会发展需要的能力,有利于高等学校的教学更好地理论联系实际,培养锻炼学生解决实际问题的能力,提高教学质量;有利于进一步发挥学校的潜力,充分调动教职工的积极性和主动性,通过有偿服务,为学校筹集一部分资金,以弥补办学经费的不足,用以改善办学条件和师生员工的生活条件。但是,高等学校必须以培养人才为中心,一定要处理好培养人才与直接为社会服务的关系,必须统筹兼顾,加强管理,对收益进行合理分配,有利于调动各方面的积极性。

4. 民主性原则

高等教育管理的民主性原则主要是由高等教育管理封闭性和开放性相统一的规律所决定的。要想办好相对封闭但又比较开放的高校,如果不发扬民主性的原则,不充分调动广大师生的积极性与主动性,是无论如何也办不到的。因此,高等教育管理在做出重大决策之前,一定要发扬民主性的原则。

5. 动态性原则

任何事物都是处于不断变革之中的。管理过程是一个不断发展变化的动态过程。所以,高等教育管理也具有动态性的原则。高等教育管理的动态性原则可表述为,通过不断的改革以主动适应经济和社会发展的需要。动态性原则要求人们做到以下几点。

第一,以发展的战略眼光看问题,认识到任何事物都不是静止不变的。只有改革才能促进教育发展,教育要发展则必须不断地改革。

第二,处理好变革与稳定的关系。在变革不适应部分的同时,要继承高等教育合理的内核。既坚持既成的体制和维持现状,也不能全盘否定以往的经验。另外,要注意不能朝令夕改,尤其在高等教育改革方面要持慎重的态度。

二、高等教育管理的方法

高等教育管理是一个复杂的系统工程,它受多种因素的制约,如社会经济、政治、科技、人口、办学条件、师资队伍、管理者的素质等。在这样复杂的条件下,为了合理地配置现有的高等教育资源,高效地实现高等教育的目标,就必须有一套科学、可行的高等教育管理方法。

（一）高等教育管理方法的层次

高等教育管理方法，从层次上来讲，包含三个方面的含义。

1.高等教育管理的方法论

它是高等教育管理方法的指导思想。在我国，历史唯物主义、辩证唯物主义和现代管理科学是高等教育管理的方法论基础。

2.高等教育管理的具体操作方法

例如高等教育管理中的经济方法、行政的方法、行为科学方法、系统科学方法等，它们是高等教育管理方法的中心内容。

3.高等教育管理的技术

这是侧重从定量角度实施对高等教育的管理，包括高等教育管理的预测技术、决策技术、规划技术、网络技术、综合评价技术。

在实践上，高等教育管理通常是以高等教育管理的方法论为基础，以高等教育管理的具体操作方法为核心，结合高等教育管理的技术，将三个层次的方法贯穿于高等教育管理过程之中。

（二）高等教育管理的常用方法

高等教育管理的常用方法包括以下几种（图1-3）。[①]高等教育管理的常用方法是人们多年实践的经验总结，蕴涵着许多现代管理科学理论方法的因素。在高等教育管理过程中，应该充分发挥常用方法的优势，坚持科学的方法论，采取多种途径，调动一切积极因素，以推动高等教育的发展。

1.法制的方法

法制的方法是根据国家立法机关制定的各种教育或高等教育法律、法规和条例等，实施对高等教育的管理。利用法律管理高等教育可以保证高等教育的权利不受侵害，同时督促政府、社会、高等学校依法履行自己的义务、职责，支持高等教育的稳定、健康发展。

① 柯佑祥.高等教育管理［M］.上海：华东师范大学出版社，2000.

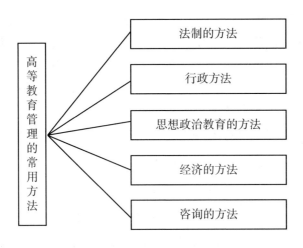

图1-3 高等教育管理的常用方法

法制的方法涉及法律的制定和实施等环节,所以如何保证所制定的高等教育法律、法规更科学、合理,如何使有关高等教育的法律和法规能得到全面贯彻实施,是利用法制的方法管理高等教育的关键。

2.行政方法

行政方法是我国高等教育管理中最普遍的一种方法,是依靠各级高等教育行政机构,采用行政命令、决定、政策、指示或下达任务等手段直接管理高等教育,具有直接权威性,它能起到"令行禁止"的作用,效果非常显著。审批高等学校的设置程序、制定和实施高等教育招生计划就是一种行政管理方法。在使用行政方法时,要克服长官意志、主观唯心、脱离实际的弊端,使之符合高等教育发展的客观规律。

3.思想政治教育的方法

思想政治教育的方法主要通过广泛深入、形式多样的思想政治工作,调动广大高等教育工作者的积极性、主动性、创造性,从而推动高等教育事业不断向前发展,具有潜移默化、春风化雨的感化功能,可以培养人的远大理想、高尚的品德和情操。这种方法掌握的难度相当大,但是如果运用得当,将会产生非常深远的影响。

4.经济的方法

经济的方法是通过一定的经济手段调控高等教育的发展方向,激励高等教育管理机构、高等学校、个人努力提高办学的经济效益和办学质量。随着高等教育发展规模的日益扩大，国家、社会、个人对高等教育的投资不断增加，经济的方法在高等教育管理中发挥着越来越重要的作用。目前我国高等教育中推行的"跨世纪重点大学建设项目""高等学校文科基地建设"，各高校"特聘教授""师范教育基金"的高等学校预算管理模式等，就是经济方法在高等教育管理中的具体运用。

5. 咨询的方法

在行政决策之前，充分发挥专、兼职高等教育研究人员的参谋咨询作用，通过在理论上对高等教育实际问题的探讨，分析比较，提出较为科学的行动方案，为行政决策提供可行性依据。国家在制定高等教育发展计划、改革高等教育管理体制、高等学校专业设置等方面就采取了咨询的方法，吸收了部分专家的意见和研究成果，使高等教育管理更具科学性和艺术性，更富有成效。

第二章 高等教育管理的体制研究

高等教育管理体制与一定的社会制度密切相关,它既是一定历史时期生产力水平的反映,又与一定的生产关系的发展相联系,是我国整个国家管理体制的一个重要方面。它随着高等教育的出现而产生,随着高等教育事业的发展而发展变化。

第一节 高等教育管理体制概述

一、高等教育管理体制的概念

"体制"一词源于生物学上的一个概念,是生物器官的配置形式,后引申为国家机关、企事业单位在机构设置、领导隶属关系和管理权限划分等方面的体制、制度、方法形式的总称。不同的体制有不同的内容,它受到一定社会政治、经济、文化传统的各方面因素的制约,反过来也能对社会的变革和生产力的发展产生较大的影响。教育管理体制是指教育领域中关于机构的设置、隶属关系以及权限划分等方面的制度。教育管理体制包括:一个国家的教育管理权力如何确立和划分;中央和地方各自设置什么形式的教育管理机构;这些机构之间是否表现出一定的隶属关系;一个国家对教育的管理总体上是集中管理还是分散管理等。在这些问题中,核心问题是中央政府与地方政府教育管理部门与学校围绕教育事务方面的权限划分。高等教育管理的体制,就是指与高等教育管理活动相关的机构、制度、方法形式等,其主要内涵包括高等教育组织机构的设置、组织机构间的隶属关系,以及职责范围及相互关系,高等教育事业管理的权限划分;人员的任用和高等教育事业发展的规划与实施等。高等教育的管理体制可分为宏观管理体制和微观管理体制。宏观管理体制,就是一个国家在高等教育管理行为活动中,国家层面和省级政府高校管理的职责、权力和利益关系;微观管理体制,就是高等学校内各管理层之间的职责、权力和利益关系,或高等学校内部各部分的比例关系和组合方式。①

二、高等教育管理体制的功能

高等教育管理体制具有显著的功能,概括来说主要包括以下几方面(图 2-1)。

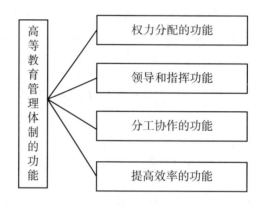

图 2-1　高等教育管理体制的功能

（一）权力分配的功能

高等教育管理体制解决的是中央和地方的关系、教育行政部门和学校的关系,这些关系归根结底是一种权限与利益的关系。通过适当的教育管理体制,参与教育活动的各方按一定的“游戏规则”办事,明确各自的权利义务关系,以此来保证教育活动的顺利进行。

（二）领导和指挥功能

相对其他管理教育的制度来说,高等教育管理体制是牵一发而动全身的,只有在管理体制上强调地方参与,学校自主,招生制度和分配制度的改革才有可能进行。

---

① 　曲木铁西,夏仕武.少数民族高等教育导论 [M].北京:民族出版社,2013.

（三）分工协作的功能

高等教育管理体制不但是各种教育力量在教育系统中发挥积极作用的外在表现形式，同时也是彼此间分工协作的一种表现，正如管理学家巴纳德所说："在一个群体系统中，必须在协调合作有效分工的原则下，各部门做各部门的事情。"

（四）提高效率的功能

研究和改革高等教育管理体制的根本目的是要提高教育管理的效率。"效率原则是衡量任何组织结构的基础"，离开了效率原则，高等教育管理体制的改革就变得毫无意义。

三、高等教育管理体制的几种模式

高等教育管理体制，是一个国家体制的重要组成部分，因此，实行什么样的高等教育管理体制，则由国家体制性质来决定。目前，人们一般把世界各国高等教育的管理体制分为以下三种模式（图 2-2）。[①]

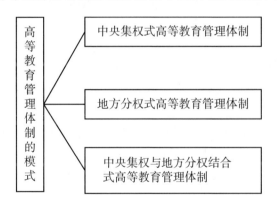

图 2-2　高等教育管理体制的模式

（一）中央集权式高等教育管理体制

中央集权式高等教育管理体制实行的是一种完全由国家来举办高等教育的制度，高等教育的管理和决策权力在中央政府，由中央政府通

---

① 曲木铁西，夏仕武 . 少数民族高等教育导论 [M].北京：民族出版社，2013.

过一定的法律、监督、计划拨款、行政命令和手段来直接调节高等教育活动的管理体制。

这种模式中,政府和高校间是一种完全的上下级关系,一切权力集中在中央政府,高校由中央政府举办,但资金来自政府的不同部门。除少数归教育部管理外,大多分属其他部门。因此,高校必须向政府承担应有的责任,在利益的关系上国家作为社会各个利益集团的代表,统筹高等教育的宏观管理活动,履行全面的职责。

1. 中央集权式高等教育管理体制的优点

中央集权式高等教育管理体制具有显著的优点,主要表现在以下几方面。

第一,有利于统一教育的目的、方针政策,使国家的整体利益得到实现。

第二,有利于集中国家的财力、物力,按照国家的某项需要实施重点发展,保证国家重点人才需要。

第三,有利于国家通过行政干预高等教育事业的管理与控制,推动高等教育的改革和发展。

第四,有利于保持少数民族地区、偏远农村地区与中心地区高等教育的平衡发展,消除民族之间、地区之间高等教育机会不均等的现象。

2. 中央集权式高等教育管理体制的缺点

中央集权式高等教育管理体制也具有一定的缺点,主要表现在以下几方面。

第一,容易产生整齐划一的目标模式,压抑高校和人的个性的发展,使高校不能很好地适应社会发展的需要。

第二,地方政府和高等学校缺乏自主权,限制了一定的办学积极性,产生依赖心理。

第三,难于发挥社会对高等学校支持的积极性。

第四,中间环节多,责权界限不明,易造成行政效率低。

(二)地方分权式高等教育管理体制

地方分权式高等教育管理体制,一般是指高等教育的决策、财政拨款、评估监督等职能由地方政府和利益集团来行使。而中央政府则主要表现在资助、间接指导及信息服务等方面。在这种管理体制之下,地方政府一般就是高等学校的举办者,高等学校在地方政府的宏观管理和协调下,依法独立办学。

1. 地方分权式高等教育管理体制的优点

地方分权式高等教育管理体制具有显著的优点,主要表现在以下几方面。

第一,有利于调动地方政府的积极性,增加对高等教育的投入。

第二,有利于为当地经济社会发展服务,培养所需的人才。

第三,有利于调动社会的广泛参与,有利于建立相对灵活的机制,形成特色。

2. 地方分权式高等教育管理体制的缺点

地方分权式高等教育管理体制也具有一定的缺点,主要表现在以下几方面。

第一,缺乏统一的发展高等教育的目标和标准,教育质量会参差不齐,甚至可能会扩大教育机会不均衡等现象。

第二,国家难以从整体上"控制"高等教育的发展,国家重点需要建设的人才难以保障。

第三,国家整体上的协调、控制、评价、督导等规范化管理难以实施,行政管理能力削弱。

(三)中央集权与地方分权结合式高等教育管理体制

中央集权和地方分权结合式高等教育管理体制是一种由中央和地方政府或政府与高等学校共同承担高等教育管理职能的管理体制。体现了国家、地方政府和高校分别享有高等教育的管理权力,在各自不同层次行使各自的职能,且满足各方利益需要的宏观管理特征。这种模式需要诸多因素的协调与配合,因此实行起来不太容易把握。如日本的高等学校分为国立、公立、私立三部分,除少数国立大学由文部省直接负责外,由都、道、府和市举办的公立高等学校由文部省和地方政府共同制订总体教育计划,统筹高等教育事业发展。地方政府是公立高等学校的举办者,但国会和文部省通过教育方针的确定、教育立法、教育计划的制定等,介入地方高等教育管理事务。私立高校,一般拥有较大的自主权,政府采取发放补贴和设立基准形式对其实行控制,以保证私立高校的办学水平和质量。日本从开始实行这种模式以来,已有不短的历史,但至今仍在不断改革之中。

第二节　国外高等教育管理体制

本节主要对美国、新加坡和瑞典的高等教育管理体制进行简要阐述。

一、美国的高等教育管理体制

美国的高等教育管理体制具有地方性和分权化的特点。但近年来随着高等教育战略地位的提升,联邦政府也大大加强了对高等教育的调控,再加上协会组织在高等教育治理中的作用日益凸显,美国的高等教育管理体制出现了一种多元化的发展趋势。多元化是美国高等教育的一个主要特点,这种特点不仅体现在院校类型、学位层次上,也同样体现在教育管理体制上,全美50个州就有50种不同的高等教育管理模式。

（一）联邦政府对高等教育的宏观调控

美国在政体上实行三权分立的制度,国家权力分为立法权、行政权和司法权,分别由国会、总统及其行政机构和最高法院行使。高等教育相关事宜也在这三个权力部分的辖区之内。国会是立法机构,全国性的教育立法都由它来审定,历史上一些重要的教育法案均由国会通过和颁布。此外,国会在教育行政方面还具有联邦教育经费的筹款权、联邦教育预算的决议权,以及联邦最高教育行政管理的任免权。联邦法院根据宪法规定,具有国家的司法权、司法解释权,因而许多重要的教育案件最终都要由它来裁决。联邦政府对于国家教育事业的管理则主要是通过宏观调控来实现。

联邦教育部是负责美国高等教育宏观管理的主要机构。由于依照法律规定,州政府是高等教育的直接管理部分,联邦政府不能实行中央集权的教育管理,因此,在美国历史上,一直没有设立专门的、权力集中的联邦教育部,一直都是由联邦卫生、教育、福利部的教育总署实施对全国教育的指导。直到 1979 年,教育总署才升格为正式的内阁级的教育部。联邦教育部设有部长办公室、常务副部长办公室和副部长办公室。从教育部的具体职责来看,主要包括以下几种。

第一,对美国教育中出现的重大问题提供指导,促进教育合作。

第二,提供奖学金和贷款。

第三,收集并传播优秀的教育思想和最新教育研究成果。

第四,帮助院校解决学生面临的最紧迫问题。

第五,保证所有公民都有平等享受联邦教育基金资助的权利。

限于美国宪法对教育管理权的划分,联邦教育部的作用在很大程度上受到了限制。

联邦政府对高等教育没有直接的管辖权,主要是从国家的目标和利益出发对高等教育的发展方向进行宏观调控和引导,具体手段包括立法、拨款和科研项目的设立。

教育立法是联邦政府管理高等教育中最主要、最有力的手段。政府通过制定、贯彻以及执行相关法律法规与政策,使其影响力渗透到高等教育的每一个领域,实现对高等教育发展方向的间接控制和引导。

除了运用法律的手段之外,联邦政府还充分利用经济手段对高等教育进行调控和管理。不过,联邦政府对高等教育的拨款和资助不是划拨给州政府和地方政府,而是直接拨给学生、高等院校和重点学科,以期通过保证适龄青年具有均等的入学机会来实现教育的公平和社会的公平,引导高等学校沿着国家和社会需要的方向发展,使高等学校更多地致力于国家需要的基础学科的研究。

此外,科研项目的设立也是联邦政府促进高等学校服务于国家、社会和经济发展需要的一个重要手段。通过设立国家科研项目把全国著名的教授和研究人员召集起来,引导他们开展学术研究的方向,联邦政府在一定程度上实现了对全国高校科研方向的引导和控制。

通过以上这几种手段的兼而并用,联邦政府加强了对高等教育的控制和影响,使高等教育沿着国家需要的方向发展。

（二）州政府对高等教育的直接管理

州在美国的权力结构中具有非常重要的地位。各州在不违背宪法的前提下对本州的事务拥有立法、司法和行政管辖权。根据美国联邦宪法的规定,教育的管辖权及责任在州一级。因而,州政府是高等教育的真正管理者和协调者,州议会可以制定州宪法来规范教育的基本原则、基本政策、教育目标、教育评价标准等。各州的高等教育管理机构主要有管理委员会、协调委员会和规划事务局三类。

管理委员会的权力、责任因州而异,通常具有任命大学校长、制定教育政策、审批人事文件、确保各大学财政运转正常、实施相关政策等职能。有的州只设立一个管理委员会负责管理全州所有的公立高校。有些州则对应不同类型的高校设立不同的管理委员会。

协调委员会只是对全州的高等教育进行协调。它是州与大学之间的感应器,主要负责高等教育的发展规划,包括公、私立高等教育事业的规划和统筹;对大学预算进行咨询性评价;评估新的学术项目等。设立协调委员会的州通常只给予其协调全州高等教育的权力,而把高等学校的管理权赋予各个大学的董事会。

规划事务局没有任何正式的协调权力,负责保证高校与政府部门之间保持良好的沟通。规划事务局主要是通过高等教育规划,以及召集各大学共同研究政策热点问题等方式来发挥其协调功能。在结构和组织活动上,规划事务局的主要职责是制定长期规划、政策分析等。

根据对高等教育管理的形式和作用范围的不同,可以将州政府对高等教育统筹的方式分为管理和协调两大类。公立大学和学院由于是州政府出资创办的,因而归州政府直接管理,而私立院校则由于是私人创办,因而州政府一般只是发挥协调作用。当然,州政府的协调作用并不局限于私立大学,还包括整个州的高等教育系统。

在以上三类管理机构中,管理委员会是负责对全州公立大学进行直接管理的机构,而协调委员会则主要负责对全州高等教育系统,包括私立大学进行统筹协调。

除了这几种专设的管理机构之外,一些相关机构也在州政府管理、协调功能的发挥中起到了辅助作用。通过这些机构的协同作用,州政府能够顺利实现以下协调功能。

第一,规划。

第二,政策分析与问题解决。

第三,负责州范围的政策实施。

第四,任务说明。

第五,学术计划审查。

第六,预算计划、资金提供方案及资源分配。

第七,学生资助与其他计划的管理。

第八,信息评价和责任说明系统。

第九,教育机构的许可证发放和授权。

美国学者理查森(Richardson)等人曾对美国的州级高等教育管理机制进行了划分,将当前美国50个州的高等教育管理模式划分为统一式、分割式和联邦式三种类型。

在统一式管理模式中,仅设立一个统一的州级管理委员会来负责全州所有大学的学位授予,并代表它们与政府和立法机关进行交涉。这种教育管理模式强调相互合作和依存,每所大学都是整个教育大系统的组成部分。

在分割式管理模式中,有多个州级管理委员会负责对多所大学进行管理,州政府在高等教育系统中只是扮演资金提供者和管理调节者的角色,各管理委员会代表其所辖高校的利益并直接参与州政府的预算决策。

在联邦式管理模式中,设有一个州级协调委员会负责全州高等教育信息的收集和传递、预算咨询、高教规划学生转学等事务。州政府在高等教育管理中扮演调节者的角色。

(三)中介组织在高等教育管理中的参与

这里所说的中介组织是指不附属于政府,也不代言高校,而是根据一定的法律法规,秉持独立、公平、公开、公正的原则积极参与高等教育活动,具有自主性、民间性、自律性和权威性的非营利性社会组织。中介组织参与高等教育的管理是美国高等教育管理的一个独特之处。

1. 中介组织的分类

根据中介组织的职能,可以将其分为以下几种类型。

(1)评估鉴定型

评估鉴定型指美国全国性、地区性和专业性认证组织,主要是对高等学校和专业的教育质量进行定期认证。

(2)研究和咨询型

研究和咨询型指专门从事高等教育问题研究和咨询的组织,其中影响最大的是卡内基教育促进基金会。

（3）自律互益型

自律互益型指各种学会、协会等行业团体,如美国高等教育协会、美国大学联合会、高等教育认证委员会等。

2. 中介组织的作用

中介组织的作用主要包括以下几种。

（1）确保高等学校的教育质量

美国的高等教育质量保障实行的是认证制度,政府不参与质量保障事宜,而是由社会中介组织直接对大学实施评估和认证。

（2）协调高等学校与政府之间的关系

在政府和高校之间发挥沟通、联结、协调的桥梁作用,使政府和高校之间有一个缓冲地带,减少二者之间的矛盾和冲突。

（3）发挥学术和专业特长,提供多种服务

中介组织多具有专业化的特点,利用其专业优势和特长,承担了许多以往由政府机构承担的咨询、评估、监督等职能,为高等教育管理提供各种专业化的服务。

（4）维护教师的权益,促进教师的专业化

一些由大学教师组成的协会组织,如美国大学教授协会（AAUP）在维护教授权益,使教授避免因言论和研究的自由而遭遇迫害,制定大学教师的职业规范等方面都做出了重要贡献。

另外,中介组织还具有为教育决策与改革提供咨询和建议的作用。此外,美国的中介组织中有一些是专门从事教育研究和咨询的机构,这些机构通过开展调查研究,直接影响到政府的政策制定和相关决策。

需要指出的是,美国的高等教育中介组织五花八门,为数众多,功能定位各异,因此其影响和作用绝不仅止于以上这些,它们的触角已经涉及高等教育的各个领域,在高等教育管理中发挥着不可小觑的影响和作用。

总体来看,在美国分权化的高等教育管理体制中,联邦政府、州政府和中介组织处于一种相互合作又相互制衡的状态,共同促进美国高等教育的发展。由于这些管理主体来自社会各个层次,它们从各自的切身利益出发,通过各种途径,从不同的角度来控制或影响高等教育。这就使得美国的高等教育管理体制具有稳定有序、机制健全、灵活性强等特点和优势。

二、新加坡的高等教育管理体制

新加坡在 1965 年独立后,为了使教育更好地发展,国家便控制了教育大权,以便使之朝着国家规定的方向发展。为此,新加坡实行了中央集权制的教育管理模式,全国各级各类教育都是由代表国家的教育部集中统一领导和管理,有关各级教育的方针、政策、内容、方法、规章制度及教师人事等,均由教育部及其下属的各局、处直接负责,学校无权过问。新加坡教育的最高管理机构是教育部,最高行政长官是教育部长,而后依次是政务部长、会务秘书、行政秘书总监。教育部下设七个职能部门(图 2-3)。

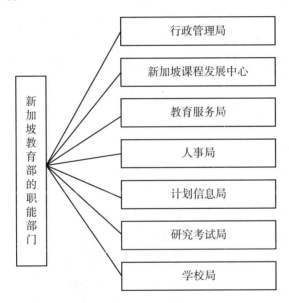

图 2-3　新加坡教育部的职能部门

教育部主要职能包括以下几方面。

第一,负责制定和执行教育政策。

第二,主管政府主办和自主的学校。

第三,负责初级学院的发展。

第四,对私立学校进行监督等。

高等院校形式上隶属于教育部,在学校发展和业务管理上具有自主权。政府通过这种直接和间接的管理形式,将各级各类教育纳入国民教育发展的轨道。长期以来,新加坡的公共教育由教育部统一管理,大学、理工学院和工艺教育学院等都是教育部下属的法定机构,即由国会立法成立的、以执行政府政策为主要职能的工作实体。然而,2006 年 4 月,新加坡国立大学和南洋理工大学正式从法定机构转为非营利企业,新的管理模式使两校拥有了更大的办学自主权,而教育部的职能也随之发生改变,更多地转向政策引导等宏观方面的调控。这意味着新加坡高等教育的管理体制正在发生根本性的转向,政府虽仍是管理主体,但实际的办学权力却逐渐下放到了学校的手中。①

三、瑞典的高等教育管理体制

瑞典在特定的历史和政治经济环境下,通过行政、立法、经济等手段不断调整政府对高等教育的协调与控制作用,实现了促进高等教育培养人才、促进科技经济发展和服务社会等目标。在瑞典,高等教育和科研的最终管辖权归属瑞典国家议会和政府。瑞典政府在高等教育中的职责包括以下几方面。

第一,授予大学资格。

第二,制定高等教育法规。

第三,提供高等教育课程和专业所需的资金。

第四,提供科学研究所需的资助。

第五,任命高等教育机构董事会主席。

第六,监管与高等教育事务相关的其他机构等。

瑞典教育与科研部是瑞典政府下设的十大职能部委之一,专门处理与中小学、高等教育机构、成人教育、大众教育和学生资助相关的事务。在瑞典,公立高等教育机构直接向政府和教育科研部负责并汇报工作,瑞典农业科学大学除外,该校向瑞典农业事务部负责。

瑞典国家议会决定高等教育机构的资金分配额度。第一、二层级的拨款额度取决于学生人数和学生获得的学分数,政府给予第三层级的财政支持主要参照以往拨款基数,并依据"论文发表数"和"被引情况"增加额外比例的激励资金。此外,公立高等教育机构的设立由国家议会决

---

① 王喜娟,张进清.新加坡、马来西亚高等教育改革与发展 [M].桂林:广西师范大学出版社,2017.

定,而完全大学资格的授予由政府意志主导。没有完全大学资格的高等教育机构无权颁发第三层级学位资格和部分第二层级学位资格。此外,政府还通过评估来决定高等教育机构的学位授予权力。相关法律规定,所有的高等教育机构均需向政府提出正式申请,经瑞典高等教育署评估之后,方可获得颁发专业学位和美术、应用与表演艺术学位的资格。

除了大学和大学学院等高等教育机构以外,瑞典政府还设立了高等教育署、瑞典高等教育委员会、瑞典高等教育上诉委员会、瑞典国家教育局、瑞典科研委员会、瑞典中央学生援助委员会等高等教育监管机构,它们都对瑞典教育与科研部负责。

瑞典高等教育运行主要受《高等教育法》和《高等教育管理条例》的约束;此外,还要受政府发布的一系列有关高等教育管理和劳动就业行政管理条例和规范的限制。在瑞典,与高等教育有关的法律法规还有《关于高等教育实施签约教育服务的管理条例》《学位授予权力法案》《关于开除学生高等教育学籍的管理条例》《关于向收费学生发放奖学金的管理条例》《关于高等教育机构收取报名费和学费的管理条例》《关于颁发高等教育学位职业教育项目招生的管理规定》《关于颁发教师和学前教育教师资格证的管理条例》《颁发高等教育学位职业教育项目文凭说明书》等。《高等教育法》是瑞典高等教育的根本大法。该法由瑞典国家议会颁布,主要规定了瑞典高等教育的运行机制,并提出了对瑞典高等教育的要求,不仅对不同层级课程和专业的基本特征、科研自由进行了说明,还设定了高等教育机构的组织和管理基本架构,并对教师职责和学生权利义务进行了阐述。此外,《高等教育法》还特别强调了瑞典高等教育应坚持公平公正、开放办学的原则。《高等教育管理条例》由瑞典政府制定,规定了入学资格和课程专业选择标准,并对教师聘用和博士生招录、课程大纲、评分标准、学位资格等进行了说明。管理条例强调学生必须参与教学的改进。虽然受政府财政拨款、学位权力管制等宏观监控,但是瑞典高等教育机构在大学治理方面仍拥有较大的自主权。根据《高等教育法》和《高等教育管理条例》,高等教育机构的组织架构必须包括董事会和校长。大学董事会是大学的最高权力机关,对大学的运营和发展行使具体管理之责。董事会大多数成员由政府任命。校董事会主席由政府任命,大学校长经董事会推荐由政府任命,二者任期均不超过 6 年。董事会其他成员任期不得超过 3 年。另外,根据规定,所有被政府委派实施某一领域科学研究的高等教育机构均应设立至少一个学部董事会。若这类高等教育机构决定不再设立其他决策部门,则学部董事会也将监管相应领域的本科生教学事务。学部主任为学部董事会主席,其余成员大多为教师代表。在学部董事会和学校其他与教学事务相关的管理部门,学生代表人数至少为 2 人。除了以上规定的决策管理部门外,高等教育机构可根据需要自行设定内部组织结构和其他管理部门。[①]

第三节　国内高等教育管理体制

一、我国高等教育的宏观管理体制

高等教育的宏观管理体制始终是我国高等教育发展中的基本问题,特别是在当前社会转型时期,如何改革我国现有体制,使高等教育的运行与社会的整体运行达到协调一致,使高等教育更好地满足和适应社会主义市场经济的需要,尤其值得人们关注。

(一)我国高等教育宏观管理体制的历史沿革

新中国成立以来,我国高等教育宏观管理体制大致经过以下阶段。

1. 中央集中管理时期

中央集中管理时期是 1950—1958 年,这一时期从举办、管理到投资,从招生分配到学校内部的管理体制,都由国家统一计划和实施。

2. 地方管理时期

地方管理时期是 1958—1963 年,这一时期强调下放权力,高等学校由所在的地方直接管理。

3. 统一领导分级管理时期

统一领导分级管理时期是 1963—1966 年,这一时期高等学校实行

---

① 孟毓焕.博洛尼亚进程下的瑞典高等教育 [M].北京:北京理工大学出版社,2017.

中央统一领导,中央和省、市、自治区两级管理的制度。

4.混乱时期

混乱时期指的是 1966—1978 年,这一时期,社会比较混乱,且在"大破大立"口号的号召下,高校管理的权力又开始下放,出现了混乱的局面。

5.集中领导分级管理时期

1978—1995 年又确立了集中领导分级管理的体制。我国高等教育体制以强调集权为主,逐步恢复了中央统一领导、中央与地方两级管理的体制。

之后,1995 年开始建立"两级管理、以省级统筹为主"的体制,1997年十五大提出机构改革的任务。1998 年李岚清在扬州召开的高教体制改革经验交流会上,全面部署了加大改革力度,加快改革步伐,全面推进改革的任务。2000 年,高等教育体制进行范围最广、规模最大的调整,一批国内一流大学合并引起了人们的广泛关注。

(二)我国高等教育宏观管理体制改革的重点

我国高等教育宏观管理体制改革的重点如图 2-4 所示。

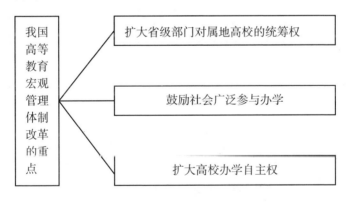

图 2-4　我国高等教育宏观管理体制改革的重点

二、我国高等教育的内部管理体制

（一）我国高等学校的内部领导体制

1. 新中国成立以来我国高等学校领导体制的演变

新中国成立以来我国高等学校领导体制的演变如图 2-5 所示。

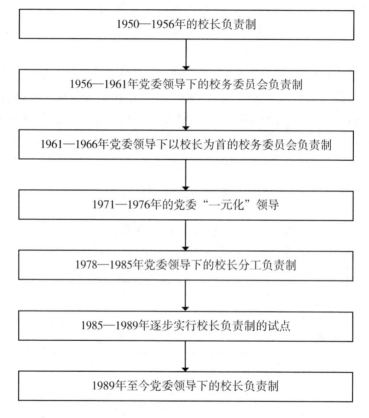

图 2-5　新中国成立以来我国高等学校领导体制的演变

2. 我国高等学校领导体制的改革趋势

目前的我国高校改革重点是,在强调加强高校行政管理,提高高校的办学效益的同时,应适当地注重学术管理和行政管理的分离,要从体制上进一步提高目前高校中学术委员会机构的地位,加强其学术决策职能。目的在于建立由高校党委、行政系统和学术系统三方面共同作用的相互协调和相互制约的机制。高校党委作为贯彻党的基本路线和政策方针的基层组织,它承担着监督学校各项活动,把握高校政治方向的重要职能;而行政系统则确定学校的发展规划、资源分配方案以及校长的人选等,校长作为行政首脑有权全面裁决高校内部各项事务;高校学术委员会审议学科、专业的设置教学、科研研究计划方案,评定教学科学研究成果等有关学术事项。

（二）我国高等学校行政管理系统

1.我国高等学校校级行政管理机构及其职能

校级行政管理机构是全校行政工作的统筹部门,它以校长为核心,由校长根据高校决策机构确定的政策和方向,制定具体的落实计划,确定有关部门的负责人选,组织内部有关职能部门和人员,最大程度实现预期目标。

2.我国高等学校学院级行政管理机构和职能

学院是大学的管理中心,院长一般由校长委任并对校长负责。基本职能如下。

第一,协助校长管理校务。

第二,协调所属各系所的关系。

第三,制定学院发展规划和开展学科建设,组织跨学科的联合攻关。

第四,统筹全院人、财、物等资源的调配等。

3.系级行政管理机构及其职能

系设立于学院之下或直属校部管理,由系主任负责,它一般由上级部门如学院院长或校长任命。系级行政管理机构在上级部门的指导下负责开展教学和科研活动,落实上级意图,并接受监督和考核。

第三章　高等教育中的学习管理研究

大学是青年时期学习知识的最后一所学校,是培养掌握专业技能的高层次人才的场所,所以,大学的学习对大学生的学习心理素质要求较高。而处在这个年龄段的大学生,其心理素质尚未全面成熟定型,面对由中学到大学学习的巨大变化,有些大学生在学习过程中产生种种的问题,从而影响了大学学习的顺利进行。本章即对高等教育中的学习管理进行研究。

第一节　高等教育中的学习特征

一、学习概述

图 3-1　学习

（一）学习的概念

学习有广义和狭义之分。

1.广义的学习

从广义上来说,学习是指人和动物的经验获得及行为变化的过程,是动物和人类所共有的心理现象。这个概念包含了以下四点内容。

（1）学习是一种行为,是习得行为,但是不属于本能行为。例如,大象搬木头、马拉车、狮子滚绣球等行为是习得行为,属于学习的范畴;而鸟儿筑巢、鸭子游泳、蜜蜂采蜜等,这类行为属于本能行为,不是习得行为,不属于学习的范畴。

（2）学习产生的变化,在行为或心理上是一种持久性的变化。例如,人们学会了骑车、打球等行为后,这些技能一生都不会遗忘。而药物影响、疾病疲劳等因素虽然也能引起行为变化,但这种变化没有持久性,是暂时的。

（3）学习产生的变化是由经验反复所引起的。例如,随着年龄的增长,人的肌肤会失去弹性,这种变化与经验没有关系,所以,这种情况不是学习。只有由经验反复引起变化的时候,造成这些变化的行为才属于学习的范畴。

（4）学习产生的变化,既可以是外显行为的变化,又可以是内隐的心理变化。例如,人们学习了游泳、骑车等技能,我们可以从其行为上推知学习已经发生了,这就是外显行为的变化。而人们通过学习,获得了知识、观念,我们不可能单纯从行为变化来判断学习行为是否发生了,这就是内隐的心理变化。

2.狭义的学习

从狭义上来说,学习是指人的学习。人以语言为中介,在社会实践和与他人的交往过程中,自觉地掌握社会历史经验的能动过程就是学习。

（二）学习的生理基础

1.条件反射——提高人的学习能力

20世纪初期,巴甫洛夫开展了动物条件反射的实验研究,创立了条件反射学说。他的学说指出,动物与人的学习的神经联系机制是在条件反射的基础上形成的,这种反射活动也就是通常所说的习得行为。因此,人们通常认为,学习的最基本的生理机制是条件反射的形成。联系机制是使有机体与环境保持平衡的机构,是一种暂时性的神经联系。正是这个原因,人与动物才可以适应不断产生变化的新环境。他还指出,条件反射是由条件刺激所引起的,对于有机体的反应来说,条件刺激好比是信号,而信号又可以分为第一信号系统和第二信号系统两种信号系统。

（1）第一信号系统

第一信号系统就是周围现实的具体刺激物及其映象。第一信号系统反映具体事物及其具体属性,范围限于个体所直接接触的客观现实。

（2）第二信号系统

第二信号系统一般指对具体直接刺激的语词概括,是抽象的非现实的信号。第二信号系统是人类所特有的条件反射机制,对语言刺激、抽象信号等能形成条件反射。

因此,人们在学习上只有依据两个信号系统才能认识事物的本质属性,并且将反映的结果积聚起来,累世相传,成为人类社会的精神财富。

2. 兴奋与抑制——提高学习效率

兴奋与抑制是人的高级神经系统活动的基本规律。它包括以下基本的理论要点。

第一,兴奋是指神经细胞的活动状态。

第二,抑制是指神经细胞处于暂时性的抑制状态。

第三,兴奋与抑制的扩散是指神经细胞之中的兴奋和抑制不是停滞不动的,而是向邻近部位的神经细胞传播。

第四,兴奋的集中是指当扩散到一定程度后,它们又逐渐向原来发生的部位聚集。

第五,扩散与集中取决于神经过程的强度,强度过大反而不易于扩散,强度适中时易于集中。

第六,兴奋和抑制过程是相互诱导的,兴奋过程引起的加强周围或同一部位的抑制过程称为负诱导;抑制过程引起的加强周围或同一部位的兴奋过程称为正诱导。

（三）学习的心理基础

学习活动有一套完整的系统的心理结构，主要由智力、能力和非智力因素组成，这也就是学习的心理基础（表 3-1）。

表 3-1　学习的心理基础

学习的心理基础	具体阐述
智力	人的智力是在不同种类的活动中表现出来的能力，是人脑的各种认识组成的、稳固的、综合的反映。它最基本的认识力主要是记忆力、观察力、思维力和想象力等，其中思维是核心
特殊能力	人的特殊能力是受人的智力支配的、改造事物的各种操作动作组成的、稳固的实际行动能力，是在某种专业活动中表现出来的能力，它是顺利完成某种专业活动的心理条件。如音乐家区别曲调的能力等都属于特殊能力
非智力因素	非智力因素有狭义和广义之分。狭义的非智力因素是指对智力活动所起的作用更为直接、更为突出和更为明显的心理因素，如独立性、顽强的意志、好奇心、勤奋等非智力因素。从广义来看，非智力因素包括学习动机、兴趣、情绪态度、性格等因素。这些心理因素都对智力活动起着一定的促进或阻碍作用

需要指出的是，在学习活动中，学习的成败，即学习的效果和成就，个人的智力因素起着重要的作用，而非智力因素也起着重要作用，良好的非智力因素与智力因素密切配合，是学习成功的必要条件。

二、大学生的学习特点

（一）大学生学习的普遍特点

1. 专业性

中小学的教育是国民的基础文化科学知识的教育，它不以传授专业知识为主要目的。大学教育是为社会培养各类高级专门人才，因此，大学的学习实质上是职业定向性极强的专业学习，教学就应充分考虑学生职业发展的应用方向所需的专门知识的掌握，应用规则和程序的能力的提高，和使之获得在将来职业环境中操作方面的各种良好技能。由于职业发展的需要，因此，对大学生来讲，实践知识的掌握和动手能力的培养具有特别重要的意义。

2. 高级性

普通中小学教育一般都是传授前人已有的知识经验,讲授的是一般都已成定论的东西。大学的教学内容不仅要向学生传授已定论的知识,而且要向学生介绍学科发展的新成果,各个不同学派的观点以及需要研究的课题。有的内容已处于学科发展的前沿,因而教学内容大量涉及的是结构不良的知识。这意味着学生在大学里获得的知识不可能在将来靠简单的提取就能有效地解决现实问题,而必须根据具体情境,以原有知识为基础,建构用于指导问题解决的图式。这就要求大学生必须真正达到对所学知识的全面而深刻的意义建构,并能广泛而灵活地应用到具体的情境中去,这就需要个体能充分利用学习群体丰富的学习资源,通过协商达到深刻的理解。

3. 多元性

中小学生的学习是在教师直接组织和指导下,严格围绕着教学计划进行的,以严格的课程教学为主。而大学生在选课、做实验、实习以及参加一些社会实践方面有相当的自主性,他们的学习更具有独立研究和自我计划的性质。在校内,他们不仅在课程教学中学习,而且在实验室、生产劳动、图书馆、资料室中学习,通过参与教师的科研,听各种学术报告和讲座,参加各种社团活动中学习。在校外,他们通过进行社会调查或开展咨询服务,从社会实践中学习。这些多元结构的学习为大学生走向社会获得职业的成功打下了坚实的基础。

4. 探索性

探索性是指大学生在学习过程中对书本结论之外新观点的寻求和钻研。爱因斯坦曾强调教育必须重视培养学生会思考、探索问题的本领。这就要求学生不但要掌握所学的知识,而且要掌握知识的形成过程,了解学科和专业发展状况、存在的问题以及解决这些问题的可能性,掌握学科的研究方法和培养独立思考、探索创新的精神。而死记硬背、缺乏灵活性与创造性的大学生将会感到压抑和不适应。

5. 创新性

目前,高等学校普遍加强对大学生创新能力的培养,在课程设置、课程安排、课程衔接上突出学生的主体地位,体现创新,加大了学生实践环节的培养力度,旨在提高大学生的创新能力。

（二）大学生学习的阶段特点

大学学习可分为三个阶段,即进校初期、大学中期、毕业时期。阶段不同,大学的学习特点也不同（表 3-2 ）。

表 3-2　大学生学习的阶段特点

大学生学习的阶段特点	具体阐述
进校初期	由于该阶段主要是学习基础理论课,为今后学习专业课打好基础,所以此阶段也称打基础阶段。打基础阶段的学习,需要大学新同学对知识、信息的理解、掌握能力发生一个质的飞跃。因此,这一阶段的学习需要由依赖教师、书本的模仿、再现知识的机械性,转变为自觉地、独立地获取知识、主动性地掌握信息
大学中期	这一阶段为学习提高阶段,此阶段的学习进入了专业基础课程与专业课程的学习阶段。这个阶段要完成由基础知识的掌握提高到实际运用课程或工科技术学科的学习,并获得解决实际问题的能力或实际动手的能力,培养创造精神,明确专业主攻方向,初步形成自己的才能。因此,大学中期阶段异常重要,这一阶段要从以下几方面适应过渡。 第一,学会选择专业主攻方向。 第二,处理好必修课与选修课的关系。 第三,学会搞好课程设计或学年论文。 第四,学会做好实验,写好实验报告,或参加课堂讨论、小型学术讨论会
毕业阶段	这是学生完成学业的阶段,也是从学校走向工作岗位的过渡阶段。这一阶段,主要是学习专业技术课程,搞毕业设计或毕业论文。此阶段学习最紧张,也是大学生学习的高峰。因此,这一阶段要求学生要具有创造进取精神和成熟的组织管理能力。学习的方式则主要是向工厂、企业及社会获取各种信息,通过毕业设计或毕业论文全面检查四年学习的成果及所具备的能力

第二节　高等教育中出现的学习困境

一、对学习方式转变的不适应

学生从中学到大学的一个显著变化是学习的依赖性减少,自主性开始形成,从别人告诉我应该学什么、怎么学到自己作决定,这种学习方式的转变使一些大学生很不适应,他们已习惯了在学习中依赖教师的安排和指导,突然面对大把的自主规划的时间,却不知道要做什么,只能漫无目的地在寝室里耗时间,这种生活方式让这些大学生产生了无聊、焦虑的心理,甚至会以一些不当的方式来化解无聊和焦虑的心情,影响了正常的大学生活。

产生这一现象的主要原因是大学生面对新的学习方式,缺乏自主的学习规划能力,不知道在这些空闲时间里要做什么。因此,大学生要学会做学习规划,合理地制订学习目标,并依据目标,制订每天的学习计划,使自己明确地知道,在自主规划的时间,我到底要做什么。

二、对学习环境的不适应

有幸进入大学的新生,他们在中学学习期间一般都是班上的佼佼者,自尊心、好胜心和荣誉感都比较强。因为考上大学,他们得到学校、社会、家庭、亲友的较高评价,自我评价一般偏高。进入大学后,由于学习环境和学习方式的变化,原有的突出位置无法维持下去,自尊心受到了挫伤,优越感荡然无存,如若不能正确对待,很容易由"自尊"转为"自卑",常常由于"理想之我"与"现实之我"的矛盾,而处于苦恼不安之中,甚至对学习失去信心。

三、对专业学习的不适应

大学生的学习有一定的专业方向,是围绕着培养目标进行学习的,所以说,专业学习是大学生成才的需要,是大学生走向成功、实现理想的重要起点。但新生入校后,有不少学生对自己所学的专业没兴趣。甚至一上专业课就头痛,有的认为自己的兴趣、爱好都不在此,为此感到前途渺茫,导致学习动力不足。有些人因此变得消沉或厌学,学习情绪低落,学习成绩上不去。也有的属于填志愿时以能被录取为原则,进入大学后就决心改行了,学习本专业仅仅是为了混文凭。此外,还有些大学生对感兴趣的东西花大量的时间去兼顾,为此占用了大量学习专业课的时间,结果导致专业学习考试通不过,于是,人总处在烦躁不安、怨天尤人的状态之中,结果是专业学不好,爱好也没有兼顾到,最终毁了自己。

四、学习动机出现问题

动机是推动有机体进行活动的内部动力,它具有三种功能。

第一,激活功能,即发动行为,动机可以推动人们产生某种行为或从事某一活动。

第二,指向功能,即在动机的作用下,使个体的行为指向一定的方向。

第三,维持和调节的功能,当个体的某一行为产生后,动机会以目标为导向,对个体行为进行维持或调节。当个体行为指向既定目标时,使活动动机增强,推动活动持续下去;当个体行为偏离了既定目标时,则对行为本身进行调整,使行为能够继续指向目标。

学习动机是推动学生进行学习活动的内在原因,是激励、指引学生学习的强大动力。学习动机过强和过弱都不利于学习效率的提高。这是因为,动机水平过低时,会缺乏学习的积极性;动机水平过强时,尤其是当目标超出了我们的能力范围时,会导致过度焦虑和紧张。比如,一个学生面对大学英语四级考试,如果动机水平过低,认为就是考着玩,过不过无所谓,那么他在复习和考试做题时积极性就很低,甚至根本没有复习或没有认真做题,成绩可能不会很好;相反,如果动机水平过强,要求自己一定要以优异的成绩考过,而且听力必须拿满分,这样会导致自己过分紧张,反而影响了自己在考场上的答题状态,干扰了思维的过程。因此,大学生的学习动机问题实际上就是两个方面,学习动机过强和学习动机不足(图 3-2)。

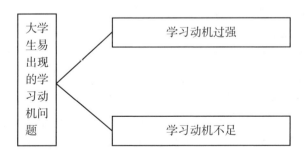

图 3-2　大学生易出现的学习动机问题

（一）学习动机过强

1. 学习动机过强的表现

学习动机过强的学生常常把学习看得至高无上,认为学习是展现自己价值的唯一途径,把分数和名次放在很重要的位置,甚至与自己的荣誉、地位联系起来。他们把时间全部用在学习上,很少或从不参加其他的活动。这种过于单一和长时间超负荷的学习,使他们承受很大的精神压力,从而可能导致情绪紧张、记忆力减退、注意力难以集中、学习效率下降等问题。

2. 学习动机过强的原因

导致学习动机过强的原因如下。
第一,对学习的认知态度不当。
第二,过高的自我期望值。

（二）学习动机不足

1. 学习动机不足的表现

第一,学习中的惰性比较大。
第二,上课之前不进行预习。
第三,上课经常迟到甚至逃课。
第四,上课精力不集中。
第五,不做笔记,对老师提出的任何问题都没有积极性。
第六,在学习中得不到乐趣。
第七,应对考试比较消极,甚至会出现挂科的现象。
另外,虽然有的大学生看起来学习也挺认真,但他们主要是"被人牵着鼻子学习",这也是学习动机不足的一个典型表现。比如,很多大学生不知道该学什么,老师不开书目,学生就不知该看什么书。

2. 学习动机不足的原因

（1）高考失败使一些大学生对现有的大学生活丧失兴趣
如在上课时听老师讲课,他会想"如果是××大学(自己理想的大学）的老师上课,就会比这好很多",于是失去了听课的热情;在去图书馆看书时,他会想"如果是 × × 大学的图书馆,要比这强多了",于是失去了看书的兴趣。这种不满和抱怨始终伴随着大学的学习,使学生对学习没有热情,缺乏动力。

其实,高考不是人生的终点,而恰恰是一个起点,无论现在在哪所大学,我们都有足够的时间去改变自己,当然,要改变自己,一定要有奋斗的动力。

（2）学习压力的减退使大学生完全放松

进入大学以后,一些学生认为考上大学就应该好好"休息一下""调整一下",出现了一种彻底的放松感。加上很多学生进入大学后,远离家长的管束,缺少外部的学习压力,往往安于现状,不思进取,导致学习动机水平较低。

（3）大学生发展观念的特殊性使他们缺乏不平衡感

心理学认为,动机产生的基础是需要,需要是人生理或心理的一种不平衡状态,人们感受到这种不平衡状态,就希望通过努力使之达到平衡,从而激发出行为的动力。如某学生在高中学习中,一次考试,竞争对手的分数比他要高很多,这时他就会产生不平衡感,希望通过自己的努力赶超这位竞争对手,进而激发出强烈的学习动力。高中时期,成绩是同学之间的一个核心比较要素,成绩不如他人会使自己产生强烈的不平衡感。而大学则有着非常广阔的发展空间,学习并不是唯一的比较要素,一个人的学习成绩不如他人,但他的组织能力和人际交往能力却非常突出,他会认为自己并不比别人差,也难以唤起这种不平衡感。

五、学习的自卑心理

（一）学习中自卑心理的表现

学习的自卑心理就是在学习活动中,一个人对自己的学习能力、水平作出了偏低的评价,觉得自己无法完成学习任务,或担心由于完成得不好而遭到他人的嘲笑。自卑心理会给大学生的学习造成一定的阻碍,它在一定程度上挫伤了大学生学习的积极性。大学生自卑心理的表现如下。

第一,不敢主动接受学习任务。

第二,课堂讨论时,对自己的观点没有信心,不敢表达自己的观点。

第三,学习小组交流时,往往保持沉默或附和他人,即使有不同的意见也不想发表。

图3-3　自卑

（二）大学生学习自卑心理产生的原因

1. 强烈的自我否定倾向

上中学时,一些学生或因为学习成绩不好而经常受到老师的批评和同学的歧视;或因为学习方法问题,虽然经过了很大的努力,但学习依然没有进步,会在一定程度上产生对自我的否定倾向,这种自我否定的倾向会以惯性的方式延续到大学学习中,使学生按照高中时的定式想法,很自然地认为"我无法成功地完成大学学习"。

2. 在学习上经历的挫折

在大学期间,大学生可能会在学习上经历一些挫折,如某门课程成绩不及格,上英语课在与老师用英语对话时犯了错误,遭到同学们的嘲笑等,如果该学生缺乏必要的心理调节能力,这些挫折会使之产生自卑的情绪。

3. 自卑情绪的迁移

大学生由于某些方面的不足（如语言表达能力有缺陷、艺术表演能力匮乏等）而产生的自卑感，可能会出现"泛化"而迁移到学习领域，使他们认为在专业学习领域同样存在困难，从而影响自己的学习自信心。

六、学习过度焦虑

图 3-4　焦虑

部分大学生存在着过度的学习焦虑，表现在以下几方面。

第一，学习中心理压力太大、情绪压抑，过分估价学习任务，尽管十分刻苦，仍觉得远远不合要求。

第二，夸大学习中的困难，为此惶惶不安、焦虑万分。

第三，怀疑自己的学习能力，总担心自己没学好、学不好。

第四，对可能取得的考试成绩顾虑重重、信心不足，忧虑过度以致寝食不安。

造成学习过度焦虑的原因是多方面的。如有些同学在环境影响下形成了不适当的学习目标和抱负，或是希望通过学习保护自己的自尊心，而自信心又不足，于是心理压力很大。此外，个性偏敏感、易焦虑的大学生，往往容易产生学习过度焦虑。

有些学生为了减轻学习焦虑，对学习采取回避、退缩的态度和方式，逃避、害怕、厌烦学习和考试。或是因心理压力过大，导致神经衰弱等心理障碍。

七、学习心理疲劳

心理疲劳不同于生理疲劳,生理疲劳是由于肌肉活动过度,使血液中代谢废物如二氧化碳和乳酸增多,导致腰酸背痛、乏力等。心理疲劳是大脑细胞活动持续时间较长,导致脑细胞处于抑制状态。学习心理疲劳在大学生中并不少见,造成这种现象的原因包括以下几方面。

第一,在学习活动中,不注意用眼卫生,学习内容长时间过于单调或生活中缺乏劳逸结合。

第二,学习内容难度较大、学习过于紧张,使大脑神经持续处于高度紧张状态。

第三,对学习活动缺乏兴趣,厌烦、畏难,或由于受到其他因素干扰,学习中情绪低落,从而导致大脑神经活动处于抑制状态。

第四,学习心理疲劳若得不到及时有效的消除,不但影响学习效果,而且使精神状态不良,甚至引起神经衰弱等心理障碍。

八、学习无助感

(一)考试焦虑和怯场

图 3-5　考试怯场

考试焦虑是指因各种原因造成的情绪紧张致使原来已形成的熟练的识记内容不能重新再现。严重焦虑会导致应试中出现"晕场休克"。其实,应试时的紧张感是一种正常的应激,指由外界情况变化,主要指比较紧急的或危险的状态所引起的一种情绪表现。考试焦虑和怯场的原因有以下几个方面。

1. 缺乏自信

有些同学由于种种原因曾经经历了考试失败的打击,这在心理上就会形成失败定式,即以前具有的解决类似问题的经验,对后来解决类似问题的影响。在考试中遇到问题时,就会联想曾经有过的失败,由此产生恐惧和慌张,从而影响考试水平的正常发挥。

2. 动机超强

对考试成绩的要求很高,把分数看得过重。在这种强烈的动机促使下,造成精神的极度紧张,过分担忧自己考试的成败。

3. 身心过度疲劳

为了能考得好,拿高分,有的同学打乱了以往的生活规律,夜以继日地复习,使得身心极度疲劳,因而产生了负诱导。即在大脑皮层的兴奋点周围产生抑制作用,抑制兴奋过程的扩散,这也是大脑的一种自我保护功能,而且这两种神经活动过程永远是相互引起和加强相互的作用。所以,抑制作用一出现,就会出现记忆再现的障碍。

(二)作弊心理

作弊,在高校的考场上颇有市场。每一次考试,总会有人不惜以身试法,并因此而受到处分。但凡作弊者,其原因一般包括以下几种。

第一,平时学习比较用功,但是自尊心太强,把分看得高于一切,是一种优势的保证,所以唯恐自己的考分低于他人,一旦遇到不顺利时就不惜铤而走险。

第二,由于学习动力的缺乏而"混日子"的同学。一入学就等着拿毕业文凭,所以平时学习松懈,考试时不愿费劲,所以,把希望寄托在作弊上,既不费劲,又可及格。于是视考场纪律不顾,以身试法。

第三,偶尔为之。所谓一念之差者,比如怯场,本来准备得很充分,却因为过度紧张想不起来了而影响了成绩,太不甘心。

总之,无论出于什么心态,何种原因,作弊者的目的是一致的,就是得到自己所期望的分数。所以,在这个目标的驱动和侥幸心理的支配下,选择了一种错误的行为方式。

作弊还有另一方面的问题,就是助人作弊,且人数不在少数。每当因作弊者被抓而自己也受到批评和处分时,总是感到很委屈,甚至产生心理障碍。大凡助人者,一般都出于以下心态。

第一,"侠肝义胆",为朋友两肋插刀。

第二,因为不愿为这点"小事""得罪"人,伤害相互之间的感情。

第三,功利思想——礼尚往来。即认为今天你有困难我帮了你,今后我有什么麻烦你就可以帮我了。

其实,作弊,无论对人对己都是一种欺骗。所以,这种忙不应该帮。

图 3-6 考试作弊

九、对自主择业的不适应

随着高校毕业生就业制度改革的不断深入,多数学生在毕业后将在国家有关政策指导下,通过人才市场自主择业。在应聘中,学生的学习状况、专业需求状况和个人素质是决定能否找到满意职业的关键所在,因此,专业对口,企业急需,个人素质好,实际工作能力强的毕业生普遍受到用人单位的欢迎,反之,用人单位则不愿意接收。这种双向选择的竞争态势,直接影响着在校大学生,并给部分学生造成心理压力。在竞争中成才,已成为大学生的普遍心理,这本是市场经济的必然要求,但有的同学在竞争的学习氛围中,却表现出一种畏惧心理。另外,比较容易的专业,学生的学习积极性就高。反之,冷门专业,择业比较困难的专业,学生的学习积极性就低。由于专业不同而产生的就业差别,也直接影响着在校大学生的学习,表现为社会急需、择生学习积极性低落,专业思想不巩固,并伴有焦虑和无奈的心理,这些专业的学生补考率往往高于其他专业的学生,有的学生甚至留级、退学。

第三节　管理高等教育中的学习实践策略

一、树立正确的学习态度

要想学习好,首先得有个端正的学习态度。俗话说,态度决定一切。学习态度是指学生对学习的看法和情感以及决定自己行动倾向的心理态度。由此可以看出,学习态度是由对学习的看法、情感以及行为倾向三个因素决定的,其中情感因素是起决定性作用的因素。

二、确立明确的奋斗目标

目标明确性是人的意志特征之一,是指一个人能控制行为,使之服从于自己稳定的人生目标。这一目标能指导人的一切行动,使人有决心、有计划、有能力为实现这一目标而奋斗。跨入大学后就应该给自己确立新的理想和目标,使学习的目的性更强,从而强化学习动机。这种新目标要结合自己的实际情况和大学的学习规律来确立,还应该注意长期目标和短期计划的有机结合。

三、做好自我调节

大学生活对每一位大学新生来说,无疑是一次很大的变化。这就要求大学生能尽快调整自己,寻找自己在新的大学生活中的最佳位置。具体来说应做到以下几方面。

第一,要平定情绪,不要被一时的不适应吓倒。"角色转换"在人的一生中要经常出现,其间所出现的不适应到适应是很正常的。

第二,尽快从高考后的懈怠、成功的陶醉和入学的新奇中摆脱出来,使自己及早进入角色中去。

第三,努力去摸索和掌握大学学习的特点和规律,做学习的主人。

四、增强学习动力

增强学习动力,从外部的环境而言,需要一种重视教育、重视知识、尊重人才的良好社会氛围和学校浓厚的学习、学术风气。但这得有赖于社会的发展、教育改革的深化,并不是一朝一夕就可以达到的。因此,增强学习动力更需要自身的调节能力。

五、增强自信心

大学是人才云集之处,大学生基本上都是中学生中的佼佼者,如今走到一起时,过去的那种"优势"和"优越感"都不那么明显,甚至已不复存在了。从而使有些大学生对自身的智力产生了疑问,甚至失去了学习的信心。对此,大学生一定要有充分的认识,一定要认识到大学中的现实问题,在认识到问题之后学会慢慢适应,通过不断学习新知识、积极参加课外活动等提高自身的能力,从而培养自己的自信心。

六、养成健康的学习心理

学习心理既包括由注意、观察、记忆、思维、想象等构成的智力因素,也包括由兴趣、动机、意志等构成的非智力因素。健康的学习心理是培养良好学习习惯的基础,也是大学生顺利完成学业,成为高素质、合格人才的保证。

七、培养学习的兴趣

兴趣,指的是人对事物的特殊认识倾向,即对某种事物带有主动、稳定的、持久的认识指向性。可以说,兴趣是情感的凝聚。一个人如果对一件事有兴趣,就会深入持久地去做,以达到预想的目的。兴趣是重要的心理动力之一,推动人们的实践和创造活动。例如许许多多的科学家,就是在兴趣的引导下,尽其毕生心血去为人类科学文化的进步而奋斗。

从无趣到志趣的发展是有一个过程的。加之主、客观多种因素的影响,这就对兴趣的培养提出了一个要求:具有坚强的意志品质。只有这样,才能克服种种困难调动自身的积极性,顺利地完成大学学习。

学习是一项长期的、需要大学生大量付出的劳动,但是这样的劳动是有乐趣的,而且是高层次的乐趣。相对于吃饱、喝足、穿好、住好等低层次的满足而言,学习的满足是我们的更高层次的要求,即充分发展自己的能力、实现个人价值的要求。在学习的过程中,体验到自己的知识不断积累,能力逐渐提高,智力充分发展,人生目的逐渐实现,都可以带来高层次的乐趣与满足。在学习活动中去体验这些乐趣,以学习为乐,而不是以学习为苦,才能够培养学习的兴趣,主动学习,而不是迫于学校、老师或者家长的压力学习。

八、掌握科学的学习方法

学习方法在学习过程中的作用是非常重要的。但学习又是一种个人的活动,大学生因个性特点、学科专业方向等不同,所采用的学习方法也各不相同。大学生可以从以下几个方面摸索和掌握适合自己的一套科学的学习方法。

（一）要认识大学学习的特点

通过自己的实践,逐步养成自觉学习的习惯,培养自己的自学能力。很多大学新生都存在着学习适应困难的问题,这是因为大学和中学的学习特点不同。大学的学习以自学为主,而且除了学习知识,还要学会学习,学会思考,掌握自觉、自愿学习的能力。所以,围绕这个问题,大学生应在以下几方面做出努力。

1. 阅读

阅读是获取知识的必由之路。当今知识的更新与发展越来越迅速，以个人的有限精力一切从头做起是不可能的。所以，掌握阅读的方法，对于学习特别是学习书本知识是十分重要的，尤其是对处在集中学习阶段的大学生而言。但是，能阅读不等于会阅读。因为对于认字的人来说，阅读是一种自发的活动，凡是识字的人，都能阅读，但是"大多数人不会阅读"。区别就在于"能"阅读的人，读书的过程只是个并不复杂的过程，把自己的头脑变成了名家名著的复印机和保存室。而"会"阅读的人，会在书中找到有利于自身发展的智慧，以此为基础去发挥自己的潜能，为社会做贡献。

2. 积累文献资料

大学的学习以自学为主，它有一位非常好的帮手——图书馆。每一位大学生都应该成为图书馆的朋友和学生。要充分有效地利用图书馆，需要做到以下几点。

（1）提高检索能力

前人云："凡读书最切要者，目录之学。目录明，方可读书；不明，终是乱读。"

（2）做索引和卡片

把有用的资料按自己的方式做成索引，或是制成卡片，一旦需要的时候，可以及时准确地查找到，提高了学习的效率。

（3）记笔记

俗话说：好记性不如烂笔头。笔记不同于卡片，在于它还随时记录下自己当时的灵感和想法，夹评夹议，是提高阅读水平的重要途径。

（二）要合理、科学地安排和支配时间

大学的生活除了学习，还有丰富多彩的校园文化活动和学生社团活动。如何在有限的时间里既能保证自己有效的学习和参加实践活动的时间，还能保证自己有充足的休息、娱乐、锻炼的时间就是摆在大学生面前的一个难题。在入学的最初阶段，应该把时间和精力集中在学好规定的课程上，要养成预习、复习的好习惯，抓住课堂教学中的听、讲、记笔记、练习、质疑的几个环节，学会利用工具书、图书馆等来辅助学习。

还要处理好学习与工作、社团活动、体育锻炼、文艺活动以及休息的关系。这个过程要慢慢摸索,在培养了自己有规律的学习生活和习惯之后就会逐步适应新的生活。具体来说应做到以下几方面。

1.要善于安排时间

第一,充分利用有限的时间去多做些工作。
第二,能巧用时间,积少成多。

2.养成珍惜时间的好习惯

有人说人的一生有三分之二的时间是在睡眠、吃饭和娱乐,真正用于学习和工作的时间只有三分之一。所以,前人才会感叹"一寸光阴一寸金,寸金难买寸光阴。"

3.丰富充实自己的生活

大学的有形学习只是其生活的一部分,同学们还要善于从无形的学习,即生活实践中去提高自己。充实自己的生活,丰富自己的阅历,才能不枉度大学生活。

(三)要克服学习方法的惯性

不仅要尽快改变中学时被动、死记硬背、听命于老师的学习方法,还要根据大学所学专业课程、教学形式、教学方法以及老师的个性特点,不断地进行调整以主动适应大学的学习。因为决定每个人学习能力的智力因素和非智力因素不同,因而学习方法也要因人而异。新生进校后,很多高校会组织开展学习经验交流会等活动来帮助新生尽快适应大学的学习,摸索建立科学的学习方法。听了学长学姐的介绍后,有些学生回去效仿却发现不怎么见效或见效很慢。如果遇到这种情况就应该根据自己的实际情况尽快调整,以免耽误和浪费时间,挫伤学习的积极性和热情。

九、培养应试能力

(一)正确对待考试

大学生应该以平和的心态来对待考试,要认识到,考试是衡量自己学习好坏的一个重要标志,但不是唯一的标志,考试只是学校教育中的一个重要环节,一次考试的分数并不能完全反应一个人的真实水平,更不能反映一个人的真实能力。对待考试,应不为分数所累,轻装上阵,沉着冷静。

（二）养成良好的学习习惯

学习是持之以恒的工作。所谓冰冻三尺,非一日之寒,要达到学习的真正目的,平时要注意养成良好的习惯,应试时才能艺高人胆大,不会被打乱阵脚。

（三）提高应试技巧

对于考试,大学生应该做好以下几方面。

1. 做好考前的准备

第一,系统地整理一学期所学的内容,使所学的内容可以形成一个体系,然后再进行复习。

第二,复习的时候要列一个时间表,合理分配每门课程的复习时间。

第三,临考的前一天晚上再进行最后一次强化,以保证考试可以取得好的效果。

2. 合理安排作息时间

第一,作息时间一定要安排好,避免大脑过度疲劳,影响水平的发挥。

第二,临考的前一天一定要有充足的休息时间,保证头脑清醒、精力充沛。

3. 正确应对"怯场"

第一,考试时先做有把握或比较简单的题目,这样可以缓解紧张心情、消除紧张情绪,还可以增强自信心。

第二,如果考试中出现"怯场"情况,如强烈焦虑、紧张、思维混乱或一片空白,手脚发颤,头昏脑胀,此时应立即停止答卷,伏在桌上休息片刻。同时想一件令你高兴的事,转移注意力使大脑兴奋起来,缓和紧张情绪;或反复自我暗示:"我很安静""我很轻松",并适当地舒展身体;或闭眼、放松、做几次深呼吸,使情绪趋于镇定后再答题。

（四）寻求心理咨询指导

这里指的是对过度的考试焦虑和怯场的同学，必要时，应该寻求专业心理咨询人员的帮助，通过有针对性的科学训练和心理调适改变这种状态，顺利完成考试。

十、掌握学习的原理

大学生如果能对学习的原理有初步的了解，可以在学习的过程中掌握更多的主动权，有助于提高学习的效果。学习心理学中关于学习理论的论述非常系统且复杂，在此，仅从以下几方面进行简要阐述。

（一）学习的生理机制

关于学习的生理机制的研究，是现代学习心理学的重大课题。一般认为，学习的最基本的生理机制就是条件反射的形成。俄国生理学家巴甫洛夫通过狗对食物之外的刺激产生唾液分泌的现象，建立了著名的条件反射学说，提出了动物与人的学习的神经联系机制，该实验成为心理学研究学习的经典实验。在高等动物身上，条件反射、暂时神经联系的形成主要是在大脑皮层中形成的，是脑的分析综合活动的结果。随着现代科学技术的发展，关于学习生理机制的研究也在不断深入，但需要研究和探索的问题仍然很多。

（二）联结论

该理论认为学习是刺激与反应之间联结形成的过程，代表人物主要是美国心理学家桑代克和行为主义心理学家斯金纳。桑代克在动物学习试验的基础上，提出了学习的尝试错误说。认为学习是一种盲目的、渐进的尝试与改正错误的过程。随着练习，错误的反应逐渐减少，正确的反应得以产生，这样在刺激与反应之间形成了一种稳固的联结，学习即由此产生。该理论强调尝试错误是一种客观存在的事实，有一定的合理性，但它把人和动物的学习简单地等同起来，有机械主义的色彩。斯金纳在操作性条件反射的基础上，提出学习过程实质上就是条件反射，即刺激与反应之间联结的形成过程。他认为学习可分为刺激型条件反射学习和操作型条件学习，以后者为主。操作学习的规律是：如果一个操作发生后,接着呈现一个强化刺激,那么,这个操作的强度,即重复出现该反应的概率就会增强。在此基础上,斯金纳设计出了一整套行为塑造及保持行为强度的新方法,对于了解人的行为、提高学习效率有一定的启示和参考意义。其理论的不足之处是,否定了人类学习中有意识参与的特点,将人的学习简单地归结为机械的操作条件反射。

(三)认知论

认知论是为了反对桑代克的尝试错误说而提出的。所谓"顿悟"就是对问题情境的突然理解,即在学习时,学习者通过对情境的观察,以及对整体的知觉或知觉的重新组织,突然地理解了问题情境中的目的物和获得目的物的途径之间的关系,从而获得了解决问题的方法。该理论强调了观察、理解、顿悟在学习中的重要作用,注意到了学习过程中的主观能动性的作用,但它的不足之处是把学习完全当成是机体的一种组织活动,否认了学习过程是对客观现实的反映过程,否认经验的作用。

第四章　高等教育中的情绪管理研究

大学生的健康成长,与他们的情绪发展紧密联系。大学生正处在风华正茂的青年期,是情感丰富多彩并趋于成熟定型的关键时刻。由于自身的特点,大学生经常会出现一定的情绪问题,如果大学生不能够积极调适,就会对其身心发展造成严重影响。因此,大学生有必要对情绪的相关知识有所了解,以便于自己在出现情绪问题的时候,能够用正确的方法来管理。这对于大学生正确认识和把握自己的情绪,不断丰富和陶冶情感,将自己造就成德、智、体、美全面发展的合格人才,是十分有益和非常必要的。

第一节　影响情绪的相关因素

一、情绪概述

(一)情绪的含义

情绪是由客观事物引起的,情绪与人的切身需要和主观态度密不可分,是人对客观刺激的一种精神反应。另外,情绪随着客观现实的丰富多彩、主观需要的不断变化而呈现出多元化的特点。由于情绪产生的原因很复杂,所以世界上研究情绪的专家们至今未对情绪有一致的定义。概括来说,情绪的含义主要包括以下两部分。

1.客观现实是人类情绪产生的源泉

这是由人的本质属性以及与客观现实的相互关系所决定的。人只有在丰富多彩的客观世界中,在客观事物的刺激和影响下,才能产生主观评价和态度,也才能表现出多姿多态的情绪体验。

2.需要是客观现实和主观体验的中介

现实世界中的事物是千姿百态的,但人并不是对所有事物都会产生情绪体验。使人情绪发生变化的关键,是某事物的发生与人需要的程度有关。例如,在一般情况下,说话声并不能引起我们的情绪体验,但当我们需要冷静地集中思考某问题时,说话声可能就会引起不快的情绪体验。这说明客体能否引起人的情绪是以人的需要为中介的。

(二)基本的情绪

虽然人的情绪各种各样,但是,人类却有一些情绪是共有的,是人类的基本情绪(表4-1)。

表4-1　人基本的情绪

人基本的情绪	具体阐述
快乐	快乐是一种追求达到目的时,或者紧张解除后所产生的情绪体验,是人的需求得到满足后产生的喜悦、满意、振奋的情绪。快乐是具有正性享乐色调的情绪,让人产生超越感、自由感和接纳感。一般来说,快乐的程度可以分为满意、愉快、欢乐、狂喜等
愤怒	愤怒是由于所追求的目标受到干扰或阻碍,愿望无法实现,目标不能达到时所产生的情绪体验。愤怒可以细分为不满意、生气、愠怒、激怒、暴怒等。在遭遇不合理的挫折、遭遇恶意伤害而造成不幸时,人最容易产生愤怒情绪
恐惧	恐惧是企图摆脱、逃避某种危险情景时所产生的体验。例如,遇到风暴、水灾时,由于经验不足、无力应付时,人们就会恐惧。有时候,当人们熟悉的环境发生了意想不到的变化或者出现了与个人经验不一致的现象时,也会产生恐惧。当险情直接威胁到生命时,就会产生恐惧到绝望的体验
悲哀	悲哀是在失去心爱的对象、愿望破灭、理想不能实现时所产生的体验。悲哀可以细分为遗憾、失望、难过、悲伤、极度悲痛等。哭泣是在由悲哀所带来的紧张得到释放时产生的

另外,在以上四种基本情绪之上,还可以派生出众多的复杂情绪,如厌恶、羞耻、悔恨、嫉妒、喜欢、同情等。

(三)情绪的功能

情绪具有显著的功能,概括来说主要包括以下几方面(表4-2)。

表 4-2　情绪的功能

情绪的功能	具体阐述
生存功能	由于生理反应与情绪密切相关,所以当遇到危险状况时,我们马上会有紧张害怕的感觉,同时心跳加快、呼吸急促,分泌肾上腺素,产性"奋力对抗"或"落荒而逃"的反应,以便保护自己,避开危险。所以说,情绪具有生存的功能
动力性的功能	情绪能够源源不断地产生能量,用以推动人的各种活动,使我们过一个积极进取和有贡献的人生。比如,自信、勇敢等令人心情舒畅的感受,被称为动力性情绪,会引导并维持我们的行为达到特定的目标。然而在我们的生命中,不可避免地会出现各种不好的情绪,但即使是这些不好的情绪也是有积极的一面的,因为人们在出现消极的情绪而感到痛苦时,自身也会得到成长
人际沟通的功能	人与人之间最重要的是情感的交流,情绪的表达可以增进人际的沟通。当有情绪时,我们才知道自己内心真正的感受,也才有机会向他人表达,以维护自己的权益,或者增进彼此的情谊

（四）情绪的价值

情绪的价值如表 4-3 所示。

表 4-3　情绪的价值

情绪的价值	具体阐述
情绪影响人的健康	良好的情绪可使人体内环境保持平衡,一方面内分泌适度,另一方面神经系统活动协调,各内脏器官功能正常,给人带来健康的体魄,有利于预防和治疗疾病
情绪影响智力活动和智力发展	人的情绪是在认识过程中产生的,但又反过来影响认识。我们经常会感到,在心情良好的状态下,人才能进行有效的观察、记忆、想象和思维。而心境低沉或郁闷时,则思路闭塞、操作迟缓、反应迟钝。所以说,情绪对智力活动和智力发展具有重要的影响
情绪影响人际关系	相同的情绪反应能帮助人们互相了解,传递信息,使人们互相感染,互相接近,心理距离越缩越短。但是,如果不尊重别人的人格,对他人缺乏真情实感,那只会把人际关系越搞越僵
情绪影响个性的全面发展	情绪的倾向、强度对一个人个性的影响是明显存在的。一个在工作学习中刻苦钻研、奋发努力并取得优异成绩的人,倾向于求知欲、责任感、义务感强烈。相反,沮丧、孤独、怨天尤人,则会导致碌碌无为,一事无成

二、影响大学生情绪的因素

影响大学生情绪的因素多种多样,概括来说主要包括以下几种(图4-1)。

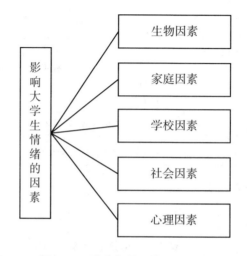

图 4-1　影响大学生情绪的因素

（一）生物因素

人的心理活动是在人脑中进行的。而人脑是由成百上千亿个神经细胞组成的,不论哪种有害因素作用于人脑,使大量神经细胞的结构受到破坏,都会出现心理发育受阻或心理活动异常。因此,当出现中枢神经感染、中毒、缺氧、肿瘤等状况时,都会引起情绪的剧烈变化。

（二）家庭因素

虽然上大学以后,已远离了家庭,但十几年来家庭的影响却是根深蒂固的。家庭的任何一点微小的变化、家庭成员的任何态度都会引起大学生情绪的波动。同时,良好的家庭关系,也是抵抗情绪困扰的最好武器。

（三）学校因素

校园是大学生学习和生活的场所,他们的喜、怒、哀、乐都和校园密切联系在一起。学校一方面提供了大学生增长知识、开阔眼界、培养才能的条件。同时学校的规章制度、某些教育方式和方法失当,与大学生的自身需要造成矛盾,给大学生带来极大的压力,造成情绪困扰。

（四）社会因素

大学生在学校学习的目的,就是将来能服务于社会,并以此获得必需的生活条件。因此,社会的要求也成为支配和制约大学生需要的条件。在这种情况下,大学生的情绪变化,往往与对社会的看法及价值观密切相关。

（五）心理因素

心理因素对情绪的作用是决定性的。心理学认为,片面、错误的认知方式和非理性观念,往往是个体产生自卑、焦虑、抑郁、恐惧、冷漠等不良情绪的根本原因。由于认知错误而造成的不合理信息,也是造成不良情绪的重要心理因素。不合理信念具有以下三个主要特征（表4-4）。

表4-4　不合理信念的主要特征

不合理信念的主要特征	具体阐述
过分概括化	这是一种以偏概全的不合理的思维方式。这种概括化,既可能发生在自己身上,也可能发生在对他人的评价上。如有的大学生一次考试失败、一次出现人际关系紧张、一次组织活动不理想,就认为自己无能,结果导致自责、自卑、焦虑或抑郁等不良情绪的产生。还表现在对他人的评价上,因他人的一次或几次错误或失误,就一味地责备、贬低,并由此导致敌意或愤怒情绪的产生
绝对化的要求	绝对化的要求指人们以自己的意愿为出发点,对某一事物怀有必定发生或不会这样发生的信念,对事物做出绝对化的判断。如有的大学生认为一名优秀的大学生就应该在各方面都非常优秀,否则是无法容忍的。这样的人往往按照自己的意愿去评价周围的事物,极易陷入情绪的困扰
糟糕至极	这是一种认为某一事情一旦发生就会非常糟糕的信念。如有的大学生认为"考试不及格简直无脸见人"等。这些想法会导致个体陷入极端不良的情绪体验之中。实际上,在人生旅途之中,确实会碰到许多不如人意的事情发生,我们要面对现实,努力改变引起情绪困扰的情境,学会在逆境中生活

第二节　大学生容易出现的情绪问题

一、骄傲

骄傲是认为自己了不起，看不起别人的情绪体验。青年大学生骄傲情绪的外部表现不像中小学生那样外露，而是一种内在排斥他人的心理状态，常常表现出对别人的讲话、作品、行动等不屑一顾，否定的多，肯定的少等。其直接后果是影响学习，人际关系淡漠，上进心削弱，自私心理发展，因此，要注意防止这种情绪的产生，既要肯定自己，也要看到别人的长处。学海无止境，要虚心向别人学习自己不懂的东西，注意克服自己的骄傲情绪，才能真正成才。

图 4-2　骄傲

二、嫉妒

大学生多数具有坚持真理、勇于探索的科学态度，刻苦钻研、开拓进取的精神等特点。这些特点决定了大学生比一般人更执着于知识、才能、名誉、地位、成就等，并以获得丰厚的学识、突出的才能、较好的名誉、较高的社会地位等为其奋斗目标。由于这些能为大学生获得较好的社会性评价，因而许多大学生因对社会性评价的执着而程度不同地嫉妒别人，或因此而受到别人的嫉妒。大学生的嫉妒主要表现在以下几方面。

（一）嫉妒别人拥有优越的物质生活条件

有的大学生由于家庭经济条件好，家庭对其在经济上的支付能力强，因此成了嫉妒者攻击的对象。例如，别人的家庭明明是靠辛勤劳动所得，硬说人家是"钻政策的空子，占改革开放的便宜"。从老子的"损有余而补不足"，到孔子的"不患寡而患不均"以及历代农民起义者提出的"等贵贱，均贫富"的口号，无不反映了这种心态。

（二）嫉妒别人的学识和才能

一位大学生拥有丰厚的学识和突出的才能，便能获得好的社会性评价，因而容易引起另一些大学生的嫉妒。比如，有人发表了一篇有影响的论文，嫉妒者尽管连"豆腐块"文章也没有，也会说："天下文章一大抄。"或者故意贬低其学术价值，或者将其学术价值用稿费的多少来衡量。明明自己的才能十分低，却对他人的才能报以鄙夷轻蔑的眼光；明明自己做不来研究，却对他人的科研成果不屑一顾。

（三）嫉妒别人优秀的道德品质和好的社会声誉

道德是人区别于动物的根本标志之一，与学识、才能一样，道德也可能成为嫉妒的对象。F·培根说过：德行不好的人，必然会贬低别人的这种美德，以求实现心理平衡。

声誉是社会对大学生进行评价的重要指标。如果一位大学生声名狼藉，会削弱其自身的存在价值和社会地位。相反，声誉好的人，则会受到社会舆论的赞扬，提高其社会地位。比如，在封建社会，"孝子"就是一种荣誉。获得"孝子"称号，不仅能受到官府的褒奖，也会得到社会的赞扬。然而，社会对"孝子"的褒扬，就会刺痛"逆子"的神经，逆子因此而对孝子产生嫉妒。

（四）嫉妒别人拥有更高的社会地位

大学生的地位取决于知识本身的地位。社会对大学生的需求，实质上是对其知识的需求。社会地位的高低,是其学识、才能、道德修养、社会声誉及成就的综合反应。追求社会地位是大学生的价值取向之一。一些大学生通过自己的努力获得了较高的社会地位,但那些没有获得较高社会地位的人就会因嫉妒可能对其采取攻击的态度。

(五)嫉妒别人事业上所取得的成就

成就,在人本主义心理学家看来,是高层次需要。具有强烈成就需要的大学生,把个人的成就看得比金钱更重要。研究中攻克了难关,学习中解决了难题,从中得到的乐趣与激奋,超过了物质的激励。这类大学生事业心极强,注重现实,敢于冒险,因而也容易遭嫉妒。明明人家身处劣境而学有所成,硬说他是"生而逢时"。

图 4-3　嫉妒

三、挫折

挫折会使人产生失望,失去自信和自尊,严重的可引起极度痛苦,情绪消沉或行为异常,甚至引起疾病。因此,要注意克服挫折情绪的消极作用,如一次考试失利后,可以认真总结经验,找出原因,奋发图强,下次考好。

导致大学生挫折情绪产生的原因错综复杂,从心理角度分析,有如下三个方面的原因。

第一,不承认某种情绪性因素的存在,把受到困扰的情绪隐藏起来,最终引起心理性疾病。如《红楼梦》中的妙玉,虽对宝玉情意绵绵,但因自己是出家人,只得把自己的心愿和情绪深深地压在心底,不能也无勇气承认这种心理因素的存在。

第二,不能发现或查找产生某种情绪的原因。因而无法铲除产生这种情绪的根源。《三国演义》中的周瑜,虽智勇双全,但因不能正确分析客观形势,又不能查找自己情绪缺陷的原因,正确对待个性的冲动,终于经不住诸葛亮的"三气",兵败身亡。

第三,不能寻求适当的途径,克服某种不健康情绪的存在。正常人,对其出现惧怕事物的心理会进行细心的分析,了解其性质和危害,若发生悲伤、忧愁的事情,尽管作用常常会较长久,也会寻求出适当途径解忧,而情绪受困扰的人则无法主动做到这一点。南唐李后主满腹幽怨,只能空喊几声"问君能有几多愁,恰似一江春水向东流",不但未能解忧,反而添加了更多的愁,这是不足取的。

图 4-4　挫折

四、自卑

具有自卑感的人,往往具有内向、敏感和多疑等人格特征,在行为上则表现为少言寡语,不善于甚至不愿意交往,行为上退缩等特点。从自卑感发生的强度来划分,可分为轻微的自卑感和过度的自卑感。一般情况下,轻微的自卑感大多与某些具体的失败经历有密切关系,但经过调整可以很快克服。过度的自卑感则与屡次遭受挫折有关,有把具体的失败体验泛化到一切事情的经历的倾向,因此往往导致情绪消沉甚至自毁。

五、焦虑

人们面临威胁或预料到某种不良后果时,产生的一种伴有忧虑、紧张、害怕、担忧等情绪体验的不安状态,就是焦虑。引发焦虑的因素较多,如适应困难、学习压力大、人际关系紧张等都可能是焦虑的诱因。根据焦虑不同的特征,可以将其分为四个层次。

第一,身体紧张,表示自己无法放松,全身紧张,表情严肃,长吁短叹。

第二,自主神经反应强烈,表现为容易出汗、眩晕、呼吸急促等。

第三,对未来产生莫名的担心,如莫名地担心职位、工作、亲人、财产、健康等。

第四,过分机警。对周围的细微变化和他人的言行充满高度警惕。

适度的焦虑可以使人提高警觉水平,加快心理反应的速度,极大地调动身心潜能,从而更好、更快地解决问题。但是,不适当的、过分的焦虑则会使人心情过于紧张,心烦意乱,不能进行正确的推理和判断,记忆力减弱,使人的大脑出现反应迟钝的现象。有的还会伴有头痛、心跳加快、失眠等身体反应,影响人的学习、生活和人际关系。

六、冷漠

冷漠是一种对人和事都漠不关心的情绪体验。一般来讲,大学生正处于人生的黄金时期,对于很多事情都会产生浓厚的兴趣并注入极大的热情。但有的大学生却表现出对一切都冷漠、不关心痛痒的态度。这种情绪的产生大多与个体所处环境以及个性特点有很大关系,如家庭关系失和的体验,导致对亲情友情认知出现偏差,而不相信人间真情。冷漠的学生表面上看是无动于衷、冷漠无情,但实际上内心却十分痛苦、孤寂,有一种"说不清"的压抑感。结果本人更加痛苦,而且还会造成人际关系紧张,后患无穷。

图 4-5　冷漠

七、愤怒

遇到与愿望相悖、愿望受阻或无法实现的情况,致使紧张状态逐渐累积而产生的强烈的情绪体验就是愤怒。愤怒对一个人的身心健康有明显的消极影响。愤怒可以让人失去理智,阻碍思维。因愤怒而失去理智的人,常常有出口伤人、出手伤物,甚至违法犯罪的行为。愤怒以愚蠢开始,以后悔告终。另外,人在发怒时,会导致心跳加速、心律失常。由愤怒而引起的心悸、失眠、高血压、溃疡、心脏病等并不少见,愤怒甚至会引起猝死。

一般说来,引起愤怒的原因有外部原因和内部原因两类。

（一）引起愤怒的内部原因

引起愤怒的内部原因主要包括以下几方面。

第一,人的意志和自我控制能力差,如青年时期大脑与皮下中枢尚未协调完善,大脑对皮下中枢的控制作用还不够强,所以易怒。

第二,个人性格,如脾气急躁的人容易发怒。

第三,身体状况和心理状态,例如,人在疾病、疲倦、心境不佳时易怒等。

（二）引起愤怒的外部原因

引起愤怒的外部原因主要包括以下几方面。

第一,个人愿望(升学、提干、评奖等)没有实现。

第二,遭遇不公平的事情。

第三,受到侮辱。

第四,权利受到侵犯,上当受骗。

第五,对某人某事嫉妒等。

图 4-6　愤怒

八、狂喜

人逢喜事精神爽,春风得意马蹄疾。快乐的情绪对每个人都是必要的,对人的身心健康和事业成功也是有益的。但遇到高兴的事,就欣喜若狂,手舞足蹈,忘乎所以,没有节制,就会起到相反的作用。俗话说乐极生悲,如有的同学为了满足自己的兴趣爱好,尽情地跳舞、游玩、打牌、下棋、参加体育比赛,弄得精神疲惫,无心学习,事后又感到极度的空虚,造成精神压力。这说明适时、适度的积极情绪是有利于身心健康和成才的,但积极情绪也会因反应过度对人的全面发展造成不良影响。

图 4-7　狂喜

九、自负

自负情绪的产生往往与对他人评价和自我评价有关。那些能力强、知识面广、机灵、学习好、家庭条件优越的大学生容易产生自负情绪。还有的同学的自负情绪产生于对别人的过低评价和过高的自我评价。这样的同学往往只看到自己的长处和别人的短处。其后果可能是削弱上进心，学习成绩下降，也可能因此而造成人际关系紧张，严重的还会助长自私自利的心理。大学生自负情绪的表现不像中小学生那样外露，但也能从言行举止中明显地表露出来。如常常表现出对别人的讲话、成绩不屑一顾等。

十、持续抑郁

愁绪满怀、郁郁寡欢、意志消沉，甚至日不思食、夜不能眠等，都是抑郁情绪的典型表现。抑郁情绪也有正常和不正常之区分。

正常的抑郁情绪大多与客观原因有密切联系，如高考落榜、情场失意、亲人亡故、学习和事业受挫等，这些客观原因往往能导致人的精神受到严重创伤和刺激。但这种由有形原因引起的抑郁情绪反应，往往不会影响人参加正常的学习和生活,而且经过一段时间后,这种情绪反应逐渐减弱甚至可以消失。

不正常的抑郁情绪则刚好相反:一是持续时间长;二是情绪低落但找不到明确原因。在这种情绪状态下,良辰美景、鲜花圆月、轻歌曼舞都变成了灰色的和毫无生气的。这种较严重的抑郁情绪往往使正常的学习和生活受到明显的影响,严重者还会反复出现自杀的念头和行为。

图 4-8　自负

图 4-9　抑郁

第三节　管理大学生情绪的策略

一、加强性格锻炼

情绪的波动还和性格有着密切联系。性格不同的人,在情绪活动特征上也会有很大的不同。有的人性格坚强,遇到失意和伤心事能挺得住,而有的人性格软弱,碰到失意和伤心事时,容易被不良情绪所征服。性格豪爽的人,一般的小事不会放在心上,不会因此引起情绪的波动。而有的人却相反,喜欢斤斤计较,情绪波动的机会也就多一些。生活中常见的大量不良情绪都可以找到性格上的原因。比如,容易忧愁的人,一般都好强、固执、不善与人交往。他们经常内心存在着忧虑,考虑问题爱钻牛角尖,性格往往显得被动、拘谨、依赖性强,缺乏独立性和创造性,总是循规蹈矩,因循守旧;容易烦躁的人,则往往过于敏感,而且习惯于将愤懑的情绪埋在心底。性格特征倾向于外向的人,比较乐观、开朗,生活中遇到不顺心的事情时,一般能够想得通,易于在情绪上自我解脱;性格特征倾向于内向的人,在困难面前优柔寡断,在危险面前出现恐惧和畏缩,在受到挫折以后,常心神不安,不能迅速转向新的情绪。由此可见,要保持健康的情绪状态,还必须考虑到自己的性格特征,注意克服性格方面的缺陷。

二、学会保持和创造快乐情绪

人类不仅具有改变不良情绪的能力,更具备创造快乐情绪的能力。以下几种方法可以帮助我们保持和创造快乐的情绪。

（一）增强自信心

只有自信的人,才能是快乐的。增强自信心是获得愉快情绪的基本条件。

（二）知足常乐

知足常乐的秘诀在于把理想和需要定得切合实际,增加获得成功体验的机会。

（三）多交朋友

朋友之间可以相互谈心,可以经常将自己的一些不良情绪倾诉给朋友听,这样做可以减轻自己的痛苦,增加快乐的情绪。

（四）多点宽容,少些责备

这里的宽容既包括对自己也包括对他人。对于成长关键时期的大学生来说,对自己严格要求,为自己设立一定的目标并为之努力,是进取的表现。但当目标过高,对自己要求过严甚至苛刻时,就会给自己的身心带来不良影响。对他人也是如此,如果多点宽容、少些责备则有助于保持快乐情绪。

（五）创造快乐

第一,善于用微笑迎接困难,从战胜困难的努力中寻找自己的乐趣。
第二,善于从身边平凡的琐事中发掘乐趣,积极参与生活,体验生活乐趣。

三、提高挫折容忍力

大学生由于过去的成长环境比较顺利,对生活中的困难和挫折缺乏心理准备,一旦挫折出现,便会惊慌失措,引起一系列不良情绪等。大学生应加强自身修养,树立有价值的目标,对挫折有一个正确的认识,提高挫折容忍力。具体来说,应该做到以下几方面。

（一）加强意志力的培养

要树立积极的人生观和远大的目标,有意识地寻找一些有一定难度的事磨炼自己的意志,培养百折不挠、勇于探索的精神。

（二）对挫折有充分的思想准备

对挫折有充分的思想准备，遇事考虑到可能遭到的挫折，有了思想准备，就能披荆斩棘不徘徊。

（三）看到挫折有利的一面

适度的压力有利于调动机体能量，思想上的压力常是精神上的兴奋剂。自古逆境出人才，要把挫折看作是对自己的考验和锻炼。

四、健全心理防卫机制

防卫机制可有积极与消极之分。

（一）积极的防卫机制

积极的防卫机制促使人产生奋发向上的力量，是战胜挫折的根本方法。它主要包括以下几方面（表4-5）。

表4-5 积极的防卫机制

积极的防卫机制	具体阐述
升华	指个体将因挫折产生的压力引向崇高的，对社会具有创造性和建设性的作用的活动上去。如大学生失恋后全身心投入学习活动中，即是一种升华
理智	指以积极的态度承认和正视挫折，分析其原因和总结经验，并以坚定的信念、顽强的意志和科学的方法战胜挫折。它是一个人心理成熟的重要标志
补偿	当某种动机受到挫折不能达到目标时，以另一种目标代替。例如，有的大学生因某种生理缺陷无法在运动场上胜过别人，因而在学习上加倍努力以取得好成绩来维护自尊
幽默	幽默也是一种积极的防卫机制。大学生在遇到挫折时如果能够具有幽默感，那么消极情绪就会缓解很多

（二）消极的防卫机制

除了积极的防卫机制外，人们在遭受挫折后还会使用一些多少带有消极性的防卫机制来保护自己（表4-6）。

表 4-6　消极的防卫机制

消极的防卫机制	具体阐述
投射	投射,即认为他人具有与自己类似的动机、情感或欲望,以此为自己的行为辩护
文饰	文饰,即为自己的行为寻找社会可接受的理由以维护自尊,缓冲失败与挫折
自居	自居,即把他人具有的,使自己感到羡慕的品质附加到自己身上,以使自己得到间接的荣耀,减低挫折感
反向	反向,即行为向动机相反的方向进行,如虚张声势可能反应内心的惧怕
压抑	压抑,即设法使自己不注意那些引起焦虑的特定思想、愿望或记忆而减轻焦虑

　　上述消极的防卫机制使人否定或脱离现实,曲解引起焦虑的事件,因而能暂时将焦虑减少到最低限度,使内心获得平衡。但消极性的防卫机制只可作为缓解痛苦、避免精神崩溃的权宜之计,使用过多过久,则可能导致焦虑加重的恶性循环。大学生们应着重发展积极的防卫机制,提高战胜挫折的能力。

五、创造健康的社会心理氛围

　　健康的社会心理氛围是大学生情绪健康的良好基础。某些不良的情绪刺激是社会生活环境导致的。大学生应积极营造良好的心理氛围,陶冶情操,训练情感,积极寻求宣泄情绪的社会途径。心理咨询是大学生情绪调适的有力支持手段。

　　心理咨询服务有很多,包括帮助求助者宣泄、排解和疏导感情冲突,缓解其情绪压力,协助求助者改进认知结构,以新的正常经验代替旧的反常经验,树立对人、对己、对事的正确观点与态度;帮助求助者更好地适应社会,建立和谐的人际关系,提高学习和生活效率,挖掘自身潜能;帮助求助者排除心理障碍,促进自然恢复与成长。

　　目前,许多高校也建立了心理咨询机构,这对广大青年学生的心身健康和全面发展产生了积极影响。寻求心理咨询已成为当代大学生排除心理障碍、预防和治疗心理疾病、保持心理健康的重要途径。

六、进行积极的自我暗示

自我暗示是运用内部言语或书面语言以隐含的方式来调节和控制情绪的方法。比如当意识到自己的情绪过分激动时,使用内部语言"冷静一点,再冷静一点",就可能使情绪得到控制。另外,"不能恼火""不要紧张""我很放松""我很舒服"等,都是与某些不良情绪相对应的内部语言。日记中的自我激励、自我安慰等对情绪都能起到控制和调节作用。

七、调整认知结构

认知心理学认为,认知是人对刺激做出反应的中介,认知对情绪、行为有决定作用。在这个意义上,若认知过程发生错误,就可能导致错误观念,继而产生不适应的行为和情绪。由于心理发展还没有完全成熟,许多大学生对于周围事物的想法或观点容易出现偏差,继而带来情绪困扰。因此,对于心智发展水平很高的大学生来讲,通过调整认知结构,客观、合理地分析和评价引起情绪变化的主客观原因,不失为调节和控制情绪的好方法。

八、培养高级情感

任何情绪都是一定情感状态下的情绪,任何情感都可以通过一定的情绪状态表现出来。因此,培养健康情绪的一个关键环节是高级情感的培养。

(一)大学生的高级情感及其特征

高级情感是指人的复杂的社会情感。它反映了人对真、善、美的追求,对假、恶、丑的憎恨。高级情感又可分为理智感、道德感和美感三种。

1. 理智感

理智感是人在认识客观事物、探求真理的过程中,求知欲、兴趣和创造意识等需要是否获得满足时所产生的情感体验。理智感实际就是人们追求真理的情感。理智感在人的智能活动中的作用是巨大的,它是大学生重要的精神力量和必备的心理素质。凡涉及大学生智力活动的场合,大学生的理智感都有明显的表现,如对获得新知识、新思想时愉快、满意的情感体验;对所学专业的热爱等。大学生理智感的状况与志趣的取向有密切的联系。这主要表现为同一学生对不同学科的兴趣差异将影响理智感的状态。反过来讲,对学科缺乏兴趣,是影响大学生理智感发展的重要原因。

2. 道德感

道德感是反映一定社会道德规范所形成的道德需要是否得到满足而产生的情感体验。这是在一定的社会文化背景下,根据道德准则和规范来认识和评价他人和自己的言行所产生的主观体验。对大学生来说,道德感主要包括以下几方面。

第一,对祖国和民族的自豪感和尊严感。

第二,对敌人的仇恨感。

第三,对抵制不良行为的正义感。

第四,对集体的集体感、荣誉感。

第五,对同学的友谊感。

第六,对学习、劳动及社会活动的义务感、责任感,对事业的使命感等。

经过十几年的校内外教育,绝大多数大学生已初步形成了鲜明的、正确的和健康的道德感。与大学生其他心理发育一样,许多大学生道德感也有不成熟的一面。如,道德观念与道德行为不一致,出现一些违反道德准则和规范的行为,有些人甚至堕落犯罪。

3. 美感

美感是客观事物是否符合个人审美需要而产生的情感体验。美感的水平同文化修养、能力和个性特征密切相关,也与时代性、民族性有着不可分割的联系。按照审美对象来划分,美感可被分为自然美感、社会美感、艺术美感和科学美感等。美感是从具体的形象得来的,因此具有形象直观性和可感性。如,对自然事物的赞美;对音乐、美术、舞蹈的欣赏;通过人类对大自然的意志力量和创造力量来体验科学美感等,无一不体现这种特性。由于美感包含内容的丰富性和复杂性,以及大学生校园活动的特殊性,决定了大学生的各类美感都有一定程度的发展。但是由于文化水平、能力和个性特征的差异性,又决定了比其他情感有更明显的差异性。

（二）培养高级情感的主要途径

1.丰富知识和经验

对客观事物所持的态度和体验往往是与个体对客观事物所知多少及已有的经验分不开的。只有在丰富的现实生活中积累大量的知识和经验,才能不断提高认知水平。而积累大量的生活经验,是以丰富的生活内容为基础的。如果一个大学生不乐于参加各种活动,整天过着宿舍、食堂、教室三点一线的单调日子,就会感到生活单调、无聊,甚至精神空虚,理智感、道德感、美感必然得不到健康的发展。

2.认识自己和社会

认识自己和社会是培养高级情感的第一步。只有对自己有较全面而深刻的认识,才能发现自己需求什么,也只有认识社会,才能在个体需求和社会规范、社会需求中建立和谐的联系。

3.优化个性品质

在个性品质中,意志品质将对培养高级情感产生深刻的影响。因为意志薄弱者永远做自己不良情绪的俘虏,只有意志坚强的人,才能做自己情感的主人。从这个意义上讲,优化个性品质特别是意志品质是培养高级情感的重要途径。

九、学会调节与控制情绪

情绪对我们的影响无所不在。异常的情绪会导致我们采取曲解事实等方法来对抗自身的不良情绪,大学生对于不良情绪,积极的做法应当是坦诚地面对它,善于运用各种方法进行调节和控制。

（一）觉察自己的情绪

情绪调节的前提是树立自觉意识,换个说法,也就是必须承认某种情绪的客观存在。如有惧怕心理的人,首先得承认自己的惧怕,否则根本无法消除恐惧。情绪觉察可以让人们深刻地了解自己的情绪反应模式、情绪产生的原因,同时,能够帮助人们洞悉当前情绪与事件、想法之间的因果关系。下面这些方法可以提高情绪觉察能力。

第一,经常记录整理情绪,增加对情绪的认知和觉察。

第二,养成撰写个人心情日记或记录自己的情绪状态的习惯。

第三,寻找一个完全属于自己的时间和空间,把任何感觉不加责备、不做逃避地说给自己听。

第四,询问自己的长辈朋友等了解自己童年的人,向他们了解关于自己童年的喜怒哀乐,从过去的经验或回忆中归纳自己的情绪。

（二）正确表达情绪

情绪的正确表达有三个要求。

第一,情绪反应与情境刺激相一致,也就是情绪反应强度要与刺激强度保持一致,反应过强或过弱都是不正常的。

第二,情绪反应应有适当的原因和对象,并要与之相适应,也就是说,当事人要明白产生情绪的原因及产生的相应的情绪类型,而不是对情绪反应莫名其妙、一无所知。

第三,情绪反应该有一定的时间限度,不可无止无休。

情绪反应要随着环境和认知的变化而变化,如果环境和认知变化不能引起相应的情绪变化,就可能是非正常反应。

十、培养健康的情绪

（一）加强意志锻炼

意志是指人们自觉地确定目标,并有意识地按照目标的指引,调节自身行为,并在克服各种困难的过程中,实现预定目标。良好的意志品质具有自觉性、果断性、恒常性和自控性等特点。在现实生活中,很多大学生能有始有终地追求自己的人生理想,他们有坚韧不拔的意志。但是,也有的大学生常常半途而废、浅尝辄止,他们的意志极其薄弱。大学生要使自己具有良好意志品质,就必须在自觉性、自制力、坚持性和果断性等几个方面进行有意识的锻炼。

第一,大学生要有远大的理想、坚定的信念。只有他们的人生具有了强大的精神支柱,他们才会有奋斗的方向,才会有奋发进取的动力,才会激发自己朝着自己的目标前进。如果大学生的奋斗目标明确,理想高尚,其意志力就强大;反之,则其意志力就会慢慢枯竭。

第二,大学生在树立自己的目标时,要量力而行。如果目标过高、难以实现,就会形成挫折;目标太低,容易自满,会导致停滞不前。

第三,远大的目标不可能一蹴而就,大学生应该把自己的大目标分等级、分层次地逐步分成若干个切实可行的小目标,再把小目标分成若干实施步骤,一个一个地完成,切勿操之太急。

（二）良好性格的自我培养

第一,大学生要能够长期保持一个愉快的心境,适当调节自己的情绪,控制自己的意志。

第二,客观公正地认识自己的性格。大学生要充分认识自己的性格,做到客观、公正、实事求是,明白自己性格的优劣,扬长避短。在生活中,要注意防止别人利用自己的性格缺陷加害自己,给自己带来麻烦甚至损失。

第三,大学生要自觉地克服性格中的弱点。每个人的性格都不可能完美无缺,或多或少地存在着一些弱点。在塑造自己性格的过程中,大学生要掌握好一个"度",如果"度"把握得不好,性格的功能就会发生转化,往往好的性格就会成为一种"弱势状态"。

十一、掌握情绪调节控制的主要方法

（一）转移注意法

在某种情绪影响自己或将要影响自己,而自己又难以进行控制时,对这种情绪不予理睬,并将自己的注意力转移到其他有益的方面去,这种情绪调节方法称之为转移。当我们注意某一事件时,这一事件对我们才会产生影响。当我们把注意力放在其他事情上时,原来的事件对我们的影响就会降低或消失。这是一种利用环境的调节和活动的转移来排忧解难的心理疗法。比如,当余怒未消或忧愁未解时,可以听听音乐、看看喜剧、欣赏名画,或者外出逛逛街、赏赏景、散散心,也可以找知心朋友聊天,或与天真活泼的儿童玩。

（二）理智消解法

理智消解法应做到以下几方面。

第一，要承认不良情绪的存在，并主动认识自己的不良情绪。

第二，要弄清不良情绪产生的原因，弄清自己所气恼、忧愁、愤怒的事物是否真的可恼、可忧、可怒。若发现事出有因、情有可原，不良情绪也会得到消解。

第三，确有可恼、可怒的理由，则要寻求适当的方法和途径来解决。只要解决了引起不良情绪的原因，不良情绪也就自然消解了。

（三）语言暗示法

语言是人的情绪体验与表现的强有力的影响工具，通过语言可以引起或抑制情绪反应。在情绪激动时，可以自己默诵或轻声警告"冷静些""不能发火"；有较大的内心冲突和烦恼时，用"不要怕，不能急，安下心来"等言词给自己以安慰和鼓励；也可以针对自己的弱点预先写上"制怒""镇静"等条幅置于案头或挂在墙上。

（四）合理宣泄法

为了降低精神上的过度紧张，避免产生因心理因素而出现的疾病，很有必要将受到较大挫折后积压在心头的愤怒、悲伤等紧张情绪发泄出来。当然，这种发泄不能为所欲为，必须合理地控制在既能降低自己的紧张情绪，又不至于使他人受到伤害的范围内。我们称这种有节制的发泄为合理宣泄。大学生可以通过以下几种方法来合理宣泄自己的情绪。

1. 诉说

即将自己的情绪用恰当的语言坦率地表达出来，把闷在心里的苦恼倾诉出来，把所受到的委屈全摆出来，这样，对当事人双方都能增进了解，减少矛盾和冲突。

2. 痛哭

若遇到意外打击，产生较大的悲伤、愤怒、委屈时，也可以用痛哭的办法宣泄自己的情绪。生理学家经过化学测定发现：人因情绪冲动流出的眼泪，能把体内精神受到沉重压力而产生的有关化合物发散出来并排出体外。因此,人们在痛苦流泪之后总会感到舒适轻松一些。

3. 行动

在无对象诉说或不便于痛哭的情况下,也可以面对着沙包狠揣一通,或找个体力活猛干一阵;到空阔无人的旷野引吭高歌或聚声长啸,同样能借此释放聚集的能量,降低、缓解情绪,达到宣泄的目的。

（五）压抑遗忘法

压抑是指对一些既无法升华,又不能转移的不良情绪,用意志的力量将它们排除出自己的记忆予以遗忘,来保持心理的平衡。挫折被暂时遗忘,便暂时达到了心理的平衡,挫折被永远遗忘,因这种挫折而产生的不愉快的情绪体验便会消失。在发生重大挫折时,人们往往力图变换环境,离开或改变产生挫折的情景,有利于遗忘所受的挫折,或者随着时间的推移,所受挫折产生的情绪逐渐减弱以至消失。不过,压抑不是消失,受挫后的痛苦体验只是在意识的管辖下暂时潜伏着,或者说,由意识的境界转入潜意识的境界。从心理健康的角度分析,压抑是必要的,一定的压抑可以免受各种挫折和痛苦,维持心理平衡。但压抑也有一个限度,压抑过久或过度,又会引起各种心理疾病。因此,对于无法压抑的情绪要以符合社会行为规范的适当方式宣泄出来,如无端受辱可以去法庭起诉,使犯罪者受法律的制裁等,以此来达到心理平衡。

（六）提高升华法

这是一种最为积极的情绪自我调节控制方法,是最有效的情绪宣泄方式。在我们现实生活中,一个犯有错误的同学用勤奋学习的形式来创造美好的未来;一个学习、生活、恋爱上受过挫折的人,把痛苦转化为对事业的执着追求,因失误带来内疚,就用高尚行为来弥补;具有严重进攻性特征的人,将其精力转向为热爱各种体育项目等。这些都是有意义的升华。

（七）音乐催化法

音乐可以使人的精神得到慰藉和净化,帮助人从狭小的、喧闹的现实进入崇高广阔的精神境界。一个人因焦虑、忧郁、紧张而失眠,可以听听古典音乐或轻音乐,调整大脑神经系统,减轻某一部分的疲劳程度,从而达到心理平衡,缓解情绪。

(八)幽默缓冲法

高尚的幽默是情绪的缓冲剂,是有助于个人适应社会的工具。当个体发现某种不和谐的或于己不利的现象时,为了不使自己陷入激动状态,最好的办法是以超然洒脱的态度及寓意深长的语言、表情或动作,用谐谑的手法机智、巧妙地表达自己的情绪。这样做,往往能使紧张的精神放松,解放被压抑的情绪,避免刺激或干扰,摆脱难堪窘迫的场面,消除身心的某些痛苦,调节和保持身心健康。研究表明,幽默可以活跃气氛,减轻焦躁;可以使人心情开朗舒畅,充满信心。

第五章　高等教育中的学生人际交往管理研究

　　大学生正处于学习知识和不断社会化的过程中,总要不断地遇到和处理这样那样的人与人的关系。正确认识和处理这些关系,对于实现人生目的和人生价值,对于确立正确的人生态度等都具有重要意义。当前,大学生人际关系总体是良好的,但由于有一些人存在以自我为中心、自卑、骄傲、嫉妒等心理,使得如何处理好各种人际关系面临着困惑。本章即对大学生交往管理的相关内容进行研究,对大学生正确处理各种关系具有积极意义。

第一节　大学生交往的特征

一、人际交往概述

（一）人际交往的概念

　　人际交往是人们在生活实践中通过信息传递、情感交流、思想沟通和物质交换等方式所进行的相互影响、相互作用的互动过程。人际交往的结果是形成一定的人际关系。所谓人际关系,是指人们在交往活动中建立起来的直接的心理上的相互联系。它主要表现为需要的满足与否、情感上的依赖与拒斥、人与人之间的吸引与排斥、亲近与疏远、深刻与肤浅等心理体验状态。

（二）人际交往的构成要素

　　人际交往的基本要素如表 5-1 所示。

表 5-1 人际交往的基本要素

人际交往的基本要素	具体阐述
信息的发出者	指主动与别人沟通和交流而发出有关信息的人,即主动与别人交往的人
信息	指信息的发出者传递信息所表达的内容。如向某人点头所表达的善意,语言所说明的某种情况,或传达的某种思想,或表明的态度、愿意与要求,赠送礼物所表达的某种情感等
信道	指信息所赖以凭借的载体,即信息发出者所采用的能够表达信息的各种符号和能够传递这些符号的媒介物,主要包括语言文字符号及其媒介物,如说话、文字及作为载体的报纸、刊物、通信器材等;无声语言符号,如表情、手势、姿态等
信息的接收者	指信息的指向目标,即接受信息发出者所传递的信息的人。信息的发出者将信息通过信道传递给接收者,同时希望接收者能对信息予以理解与接收,从而形成人际交往
反馈	指信息的接收者在收到信息时对信息的发出者所给予的回应,如通过口头语言、点头、摇头、微笑等方式所表示的接受、同意、反对、有待商议等。反馈一般也是通过信道作逆向传递。一般来说,有反馈的沟通才是双向沟通和正常沟通,给予反馈和注意寻求反馈是实现有效交往的重要环节
干扰	指交往双方在信息传递的过程中所遇到的各种妨碍、遮蔽等导致信息失真的不良影响。引起干扰的物化因素有噪声、通讯中的干扰信号等。非物化的因素主要指人为的因素,如文化背景差异导致的误解、语言障碍、主观方面的故意歪曲等。正常的交往必须克服各种干扰才能顺利进行,否则极易因误解而造成人际关系紧张

在交往的过程中,每个人都可能是信息的传递者,或者是信息的接收者,也可能既是传递者又是接收者。

(三)人际交往的本质

1. 人际交往是一个互动的过程

人际交往作为信息传递、情感交流、思想沟通和物质交换的活动,离不开交往双方的相互影响和相互作用。假如只有信息的发出者(主动交往者),没有信息的接收者愿意与你交往,即接收信息,交往是不可能发生的。由于作为交往双方的主体都是具有主观能动性的人,因此交往对象的回应影响交往活动的过程以及发展趋势。没有交往双方积极交往的意愿和积极、主动地参与交往活动,人际交往活动是不可能发生的。

2.人际交往是一种相互沟通的过程

人际交往一方面需要双方的互动,另一方面,互动的实质在于沟通,因此有人把交往也叫沟通。交往过程是一个信息传递、情感交流的过程,对于传递的信息和情感需要双方的正确理解和有效反馈。没有真正的沟通也就没有真正的交往。能否真正地沟通,一方面取决于双方有没有交往的意愿,另一方面更取决于双方的理解能力。如果对方不能正确理解我们传递的信息,或者对信息产生误解,我们经常会说与他(她)没有办法沟通。一旦不能沟通,交往起来就会非常困难。人际交往正是借助于真正的沟通才能彼此接受、相互理解和共同提高,否则可能造成徒有交往之名,而无交往之实。

(四)人际交往的原则

人际交往的原则如表 5-2 所示。

表 5-2　人际交往的原则

人际交往的原则	具体阐述
诚信原则	诚信原则要求人们在交往中说真话、讲信用、重承诺,要直率坦荡、实事求是,要遵守交往双方的约定,不随意推脱敷衍。遵守诚信原则才能使交往对象感到踏实和放心,才能在交往过程中赢得信任和尊重
平等原则	平等原则是建立良好人际关系的前提条件。虽然人际关系中的交往双方因社会角色不同对对方产生的影响是不对等的,但这并不影响双方交往中的平等地位。大学生年龄、经历、文化水平等大体相似,无论来自农村或城市,学文或学理,年级高低,都应以平等原则与人相处和交往。若是自视特殊、居高临下,鄙视他人就会被集体所孤立,产生心理上的孤独感
宽容原则	宽容就是在人际交往中对非原则性的人或事,采取一种原谅、饶恕、不予计较和追究的态度
尊重原则	每个人都期望在人际交往中得到尊重,尊重能使人产生信任和坦诚等情感,尊重包括自尊和尊重他人两个方面。自尊就是保持自身人格的尊严,即人的自重与自爱。每个人都有自己的尊严,也特别期望获得他人的尊重。在现实生活中,与我们打交道的人并不一定都是自己所喜欢的对象,但即便如此,也应该在平等原则的基础上尊重对方,包括尊重他人的人格、权利和劳动成果。只有如此,才能获得他人的尊重
互助原则	人际交往是以能否满足交往双方某种需要为基础的。互助即是在一方需要帮助时,另一方在能力范围之内及时地提供帮助,这种帮助包括物质、精神和情感等多个方面

人际交往的原则	具体阐述
互利原则	互利原则就是要求人们在人际交往的过程中,双方都得到好处和利益,获得心理上的平衡。这种互利既有精神上的互利,也有物质利益上的互利。人际交往中的精神互利就是指交往的双方互相接纳、互相肯定、互相支持、彼此宽容、共同发展。物质利益上的互利体现为利益上的对等交换,即在人际关系中,交往的双方总是在价值观的指导下来衡量交往是否有价值,如果在两人的交往过程中,一方付出了很多,但却没有或很少有回报,那么他(或她)就会心理失衡,觉得这种交往不对等,进而回避或主动结束交往
适度原则	无论是同学之间、朋友之间还是夫妻之间,无论关系多么亲密、感情多么融洽,也无论双方在主观感觉上认为彼此是如何的完全拥有,双方都不可能达到认知、行为、态度和情感的完全一致。所以,要保持良好的人际关系,一定要坚持适度原则,这也是美学原理"有距离,才有美"在现实生活中的实际运用

（五）人际交往的心理效应

在人际交往中,大多数人在相同的情况下或对某种相同的刺激,会产生相同或相似的心理反应现象,它具有普遍性,也具有差异性。这种心理效应容易使人产生认知偏差,具有消极作用,影响人的正常交往,但是只要在正确认识的基础上科学地加以运用,对建立和谐的人际关系也会有积极的意义。

1. 首因效应

首因效应也就是我们平时所说的"第一印象"。在人际交往中,第一印象非常重要,第一印象形成后,要再去改变它,就需要付出很多努力。两个陌生人第一次见面,对彼此的感觉,关系到他们日后会不会再联络、会不会再深入地交往。如果一个人希望多结交朋友,那么就要给别人留下良好的第一印象。如果给人留下的是诚恳、热情、大方的印象,自然受人喜爱,别人也愿意与之交往。相反,如果留下的是虚伪、冷漠、呆板的印象,别人就不会愿意与之继续接触。

需要注意的是,第一印象有时并不十分可靠,一个人的道德品质、思想修养等内涵并不是通过第一印象就能把握的。以过早的表面印象来择人交友,一方面可能使那些伪君子趁机而入,给自身带来伤害;另一方面,也可能错失那些外表平庸而富有内涵的真朋友。

2. 近因效应

与首因效应相反,近因效应是指在多种刺激一次出现的时候,印象的形成主要取决于后来出现的刺激,即交往过程中,对他人最近、最新的认识占了主体地位,掩盖了以往形成的对他人的评价。近因效应也称"新颖效应"。随着时间的推移和了解的深入,首因效应的作用渐渐淡去,近因效应的作用却渐渐呈现出来。例如,一位学生平时表现很好,可一旦做错了事,就容易给人留下负面印象。一般情况下,对于不太熟悉的人,首因效应效果比较明显;而对于熟悉的人,近因效应会明显一些。

3. 刻板印象

刻板印象是指在人们头脑中存在的关于某一类人的固定印象,或是对人概括、泛化的看法。实际上刻板印象就是对他人形成的成见。例如,有许多人常常认为,中国北方人性情豪爽、胆大正直,南方人精明灵气、善于随机应变,这些都是刻板印象的表现。刻板印象容易使人在不了解他人的前提下,不自觉地把人分门别类,导致对他人的认知产生偏差和错觉,以致无法做出正确的评价。但刻板印象也有一定的积极作用,那就是简化了人的认知过程。

4. 晕轮效应

晕轮效应也称"光环效应",是一种以偏概全的认知偏差现象,主要指人们在与他人交往的过程中,常常从对方所具有的某个或某些特征出发,推论到其他方面特征的心理效应。在人际交往过程中,因为对方的一个优点或缺点而形成对对方的整体认识,就是一种晕轮效应。晕轮效应常常会使人变得盲目,分不清对方的优缺点,得不到全面客观的认识,会给人际交往带来一定的影响。因此,人们在与他人交往时,要经常提醒自己,从较为客观的角度去评价他人,避免以偏概全。

5. 投射效应

人们在交往中,总愿意把自己的某些特性归到交往对象身上,特别是在被了解对象和自己年龄、职业相同的时候更是如此。"以小人之心度君子之腹""饱汉子不知饿汉子饥"就是典型的投射。投射效应的实质是忽视个体差异,以为别人和自己愿望相同,喜好相同,结果造成许多误会。

以上这些效应都很常见,往往对人际交往产生影响。大学生在日常生活、学习过程中,如果觉得自己的人际交往有问题,反思是否在不知不觉中因受到这些效应的影响而出了问题,以避免对自己和他人造成更大的伤害。

二、大学生人际交往的特征

在复杂的人际交往中,大学生的交往基本上是全方位的交往,既继承了一般人际交往的优秀特点,同时又赋予人际交往新的内容和方式。概括来说,大学生的人际交往具有以下几个特点。

(一)纯洁性

大学生交往的纯洁性主要表现在以下几方面。

第一,大学生偏重于思想感情的交往。

第二,交往过程受经济因素的影响很小。由于大学生的主要任务是学习,不存在经济问题,因此,排除了经济上的关系以及由此带来的利害冲突。

第三,大学生以平等的姿态对话,因此人格平等,位置相近,不存在谁高谁低的问题,交往起来轻松自如,没有特权等级观念。

(二)开放性

尽管处于青年期的大学生在心理上有一种闭锁性,不愿轻易向人敞开心扉,但这只是现象。从本质上看,每位大学生都期待着交往和友谊,都在默默地敞开自己交往的大门。与大学生交往需求的多层次、多侧面相适应的交往方式也是丰富多彩的。

(三)人际交往的需要迫切

由于大学生思想活跃,精力充沛,兴趣广泛、活泼好动,他们力图通过交往去拓宽视野,获得同伴的认可、接受、尊重、信任,满足自己多方面的需求,对人际交往的需要往往比成人和中小学生都更迫切。

（四）交往对象以同龄人为主

大学生学习、生活的环境决定了他们的交往对象是以同龄人为主。大学生的同寝室同学或同班同学的人际交往在大学生的学习、生活中的作用日渐显现。随着社会对大学生实践能力的要求不断提高，越来越多的大学生积极参加社会实践、体验生活，从而把人际关系向社会工作群体扩展。

（五）大学生异性之间的交往愿望强烈

由于性生理的成熟，性意识的唤醒，大学生对异性产生了兴趣，并且大学生活又提供了异性同学交往的许多机会。因此，异性交往的愿望常常会变成交往的具体行动。

第二节　大学生交往过程中的人际关系问题

一、大学生交往过程中常见的人际关系问题

（一）交往需要迫切

当代大学生的交往需要更为强烈、更为迫切。交往需要的迫切性，主要表现在两个方面。

第一，表现在交往需要的广度上。孔子曰："独学而无友，则孤陋寡闻"，大学生希望广交朋友，不但想交校内朋友，而且想交社会朋友，渴望建立广泛的友谊。

第二，表现在交往需要的深度上。大学生也希望深交朋友，交知心朋友，能够推心置腹、交流情感，相互理解、互相帮助。大学生迫切的交往需要反映出他们现代交往意识的强化。

（二）交往中的哥们义气较重

大学生的哥们义气主要存在于非正式群体之中。在高校，大学生非正式群体十分普遍，非正式群体是由情投意合者自发形成，不像正式群体那样有明确的规章制度和行为准则，而是靠情感相维系，以情感来调

节,非理性成分相当大。如果得不到正确的引导,由于非正式群体感情色彩浓重,加上大学生感情自控能力较弱,往往容易失去正确的交往准则,被感情所左右,养成哥们义气的作风。

（三）注重横向交往,忽视纵向交往

同学之间年龄、经历相同,生理、心理发展水平相当,理想信念一致,这些相似的自身条件使同学之间容易发生情感共鸣。所以,大学生乐于横向交往。

师生关系亲密是中华民族的优良传统,老师不仅是学生的知识传授者,而且也是学生的做人楷模。与品德高尚、知识渊博的老师结成忘年之交,学生往往可以受益终身。但是,大学生不太注意与老师交往,除上课之外,其他时间很少与老师接触,有时甚至是故意回避,敬而远之。所以,大学生缺少发展师生间的纵向交往。

（四）交往恐惧

交往恐惧是一种比较常见的人际适应不良。交往恐惧的大学生往往具有以下几种心理。

1. 害羞心理

在学校中,当老师在课堂上提问的时候,经常有些同学明明知道问题的答案或对问题有独到的见解,可是就是不敢举手回答问题,甚至一些害羞的同学下课以后,联合起来找老师说:"我们因为害羞没有回答问题而得不到老师的加分,这样非常不公平。"纷纷为自己的害羞行为找理由,相当部分的大学生甚至还认为害羞是一个人的美德。

2. 自卑心理

自卑心理是影响个体人际交往的重要因素。自卑心理的成因主要包括以下几方面。

（1）消极的生活经验

大学生在人际交往中,因为某种生理、心理或社会生活的原因,可能会受到他人的嘲笑。大学生在生活中也可能遭遇到一些挫折,如果大学生心理调节能力不强,这些嘲笑和挫折很可能带给大学生以自我否定,产生自卑心理。

（2）消极的自我暗示

有自卑心理的大学生,往往习惯于消极的自我暗示,他们经常会有"从来就没有人愿意与我交朋友"等想法,在人际交往中对自己的期望值很低,心态比较消极。

（3）过大的心理落差

有些大学生在小学、中学阶段,由于成绩很好,会成为出类拔萃的佼佼者,成为老师宠爱、同学羡慕的对象,处于中心地位。上了大学后,面对同样优秀的同学,自己则显得非常平凡,甚至在某些方面低人一等,这种强烈的落差感使大学生在评价自己时可能产生一定的偏差。

（4）不当的自我评价

大学生在入校后,他们会在越来越多的方面与他人进行比较,由于缺乏正确的理念,大学生有时会拿自己的短处与他人的长处相比较,并将这种差距泛化,夸大自己的不足,觉得自己处处不如别人,从而产生自卑心理。

（五）人际孤独

有些同学感觉自己是茫茫大海中的一叶孤舟,处于孤立无援的境地,他们害怕交往,把自己封闭在自己的圈子里,独自体验着无尽的孤独。孤独感是一种与世隔离、孤单寂寞的情绪体验,心理学中把这种心理状态称为心理闭锁。我们人类本不是孤独的生物体,而是"社会性动物",所以人类最怕孤独。于是,我们想尽办法来克服和驱除孤独,多与人交流,多与人沟通,多结交朋友,让我们的生活丰富多彩,希望孤独没有机会占据我们的生活。但是,有时这种感觉无论怎样也驱除不掉,因为只要我们能够感受到自我的存在,感受到生命的存在,就会有孤独感的存在。它是与我们人生始终相伴的一种体验。同时我们也可以看到,并非所有的孤独感都是不利于我们自身的存在与发展的。有时正是因为处于孤独的体验中,我们对人生、对世界才能形成自己的感悟。这种状态,我们称之为享受孤独,这种心态不但对我们的身心没有负面影响,反而会促进我们的成长。而另一种孤独,则是我们都想极力逃避的,那就是孤单无助、寂寞难耐、心态冷漠的感觉。这说明你处于一种不愉快的体验中,需要作出些改变,来改善自己的心理状态。

（六）情感因素导致交往障碍

由于年青人感情丰富、变化快，对事过于敏感和简单，有时会因一时好恶改变对一个人的看法，这种重感情不重客观，重一时不重全面的特点常导致青年人的人际关系缺乏稳定性，易产生各种障碍。在大学生中常见的影响人际交往的情绪有以下几种。

1. 嫉妒

嫉妒是指在意识到自己对某人、某事、某物品的占有或占有意识受到现实的或潜在的危险时产生的情感。大学生这个特殊群体，由于构成人员属于同一层次，具有相同的需要与目标，在学业成绩的高低、奖学金的获取等方面都存在着竞争，因而，在高低的竞争中容易滋生嫉妒之心。而嫉妒经过攀比、猜疑、恼怒、嫉恨等一系列心理活动后，会扩散、外化，演变成为攻击性、破坏性的行为。这必然造成纷扰与不安，使人际交往紧张，破坏良好的人际关系。

2. 愤怒

大学生缺乏独立生活的经验，在学习和生活中为一些琐事而产生矛盾的现象经常出现，但由于缺乏社会阅历，不知如何化解；再加上心理成熟较晚，情绪难以自控，故常以口角和斗殴的方式发泄，造成严重的交往障碍。

3. 自负

自负在交往中表现出居高临下，只强调自己的感受而忽视他人。与同伴相处时，高兴时海阔天空，手舞足蹈，不高兴时乱发脾气，很少考虑对方的反应。与熟人相处时，常过高地估计彼此的亲密程度，使对方出于心理防卫而疏远。这样最终会导致自我封闭，失去同学的关心与帮助。

二、大学生交往过程中出现人际关系问题的原因

大学生交往过程中出现人际关系问题的原因如表5-3所示。

表 5-3　大学生交往过程中出现人际关系问题的原因

原因	具体阐述
自身原因	随着生理、心理的迅速发展,大学生的参与意识逐渐增强,渴望认识社会、参与社会,扩大自己的生存空间;大学生远离家庭生活,与亲人分离,情感失落,由于情感补偿的需要,他们渴望与人交往,珍视友谊。这些因素构成了大学生交往需要的内在因素。但大学生在人际交往的过程中也容易出现问题,其中突出的自身原因在于自我评价不当。过低评价自己,产生自卑心理,自卑心理又可以进一步导致羞怯心理;过高评价自己,则产生自负心理,自负心理又可以进一步导致傲慢心理。自我评价的偏差,导致人际交往过程中的失败
社会原因	今天的社会生活背景,是当代大学生交往需要迫切性的客观原因,也是交往内容丰富性的现实基础。我们的社会正处在变革之中,社会对大学生的影响是一种自发影响,既有积极影响,也有消极影响。社会上一些人互相利用,编织关系网;一些人拉帮结派、搞小集团;一些人任人唯亲,排斥异己;一些人不讲原则,只徇私情。这些不良的社会交往,对大学生起着潜移默化的作用,也是大学生出现交往问题的重要原因
学校原因	大学生交往障碍普遍存在,与他们涉世不深、经验不足有关,但更主要的原因是学校缺少对大学生进行交往方面的教育和指导。由于缺乏交往方面的心理教育和技术教育,大学生在交往中容易受挫,受挫之后再得不到及时的指导和调适,导致回避与人交往,自我封闭限制了交往能力的发展,反过来又加重交往障碍,造成恶性循环

第三节　引导大学生人际交往的实践策略

一、培养成功交往的心理品质

(一)真诚

著名作家三毛曾说过:"人际关系最重要的,莫过于真诚,而且要出自内心的真诚。"的确,真诚是一种心灵的交流,是一种无私的付出,也是一种高贵的品质。

(二)自信

自信能使个体的身心得到放松,在交往中显现出饱满的精神状态。自信的人会在人际交往中表现得不卑不亢、从容淡定、落落大方,同时还能克服羞怯等不良心理,主动敞开胸怀,积极与人交往。自信的人通常会给自己积极的心理暗示,认可自己的交往能力,因而能增强自身的吸引力,赢得他人的喜欢。

（三）信任

所谓信任,就是要相信他人的真诚,从积极的方面去看待他人的言行和动机,避免猜疑和妄加评判,尽量降低自己的心理防线。首先对他人报以信任的态度,才能使他人产生安全感和信赖感,并同样回应以真诚和信任,在此基础上可使彼此之间的人际关系更加亲近。

（四）热情

充满热情的人能够给人温暖和关怀,使交往对象感到愉悦。大学生要培养热情的品质,就要从心底里接受他人,真心地喜欢他人,真诚地关心他人和理解他人,养成为他人着想的习惯,并适时地给予他人帮助。充满热情的人,同样会得到他人的关怀和友爱。大学生在人际交往中应热情地关心和帮助他人,对朋友的成绩和优点给予积极的鼓励,对他人的不足和缺点给予诚恳的建议,要以真诚为纽带,拉近彼此的距离。

（五）克制

克制即是对于情绪和冲动等的有效抑制。培养克制能力,就要处处以大局为重,在自己的利益受到损害的时候保持着冷静和宽容忍让的态度,努力控制自己的情绪,避免发生不必要的后果。当然,我们所讲的克制并不是无条件的,而是以维护正义和大众利益为前提的。如果过分忍受他人的无端攻击和不正当指责而不采取合理的方式解决问题就是懦弱的表现,同样会影响人际交往。

（六）幽默

幽默在人际交往中的作用是不可低估的,它是人际交往的润滑剂。幽默的语言能使交往气氛轻松和融洽,能使人们的心情放松和愉快,能够缓解紧张和尴尬,能够促进人际关系的和谐。幽默是一种健康的品质,培养幽默的品质,要做到以下几方面。

第一,要有广阔的胸怀,对生活充满热情和信心,才能保持乐观和开朗的性格。

第二,要积累广博的知识,才能进行丰富的想象和联想,产生幽默的语言。

第三,要具备高尚的品格和坚强的意志,才能以幽默的方式宽容他人的错误,以积极的心态面对自身的困境。

二、消除先入为主的认知偏差

人们总是作为一定的社会角色与人交往的,由于对角色认知的错误,产生错误的角色期待,所以,对对方的交往从一开始就带上了先入为主的偏见,这种偏见还可能因我们的行为唤起对方的同类反应而得到自我证实。在日常交往中,对人的这种偏见往往会因为循环"证实"而不断加深,以至成为交往的障碍。人皆有自尊,你期待别人如何待你,你先得如何待人;你要发现别人的长处,就得先抛弃偏见。

大学生在进行人际交往时,既要给人留下良好的第一印象,同时又要消除认知别人只凭第一印象的偏差。消除认知偏差的方法有以下几种。

第一,不能以固有习惯模式对他人进行分类,否则就会形成对他人的固定化的看法。

第二,对别人要有全面的了解,不能以偏概全,以貌取人。因为个体的个性品质与外貌特征并无本质联系,如相貌堂堂正正未必正人君子;看上去笑容满面,也许心怀鬼胎;外表冷若冰霜,也许内心有一团火。

第三,不能以自身当时的情绪状态影响对交往另一方的评价。因为不良的情绪使主体对人苛求,从而带来对方的不良态度反应。

三、摆脱孤独感

要摆脱孤独感,首先就要搞清楚产生孤独感的原因。通常有四个方面的原因。

第一,由于有与众不同的特殊习惯,别人难以接纳愉悦他。

第二,有些人孤芳自赏、自命清高,使得别人也不愿意和他交往。

第三,有些人性格内向,内心体验深刻,往往甘愿寂寞孤独,凡事宁可埋在心底,总觉得人际关系太复杂而自我逃避交往。

第四,不懂得人际交往技巧,不善于人际交往,在人际交往中屡受挫折。

分析孤独感产生的原因的目的就是为了采取措施，摆脱孤独感。摆脱孤独感的方法如下。

（一）正确认识自己

孤独者一般都不能正确地认识自己，他们自恃自己有一技之长，或总是想着自己的优点和长处而看别人的又总是缺点和不足，为此而自命不凡。由于对自己有偏差性认知，要么不尊重别人、看不起别人；要么对别人要求太严，择友标准太高。正因为如此，这种人的孤独引不起别人的同情，相反，别人会瞧不起他。因此，要正确地认识自己，就要有剖析自己的精神，正视自己的弱点，这样便找到了消除孤独感的突破口。

（二）优化性格

大多数孤独的人都与性格有关，孤独者在性格上一般内向、固执。摆脱孤独感的关键是要优化自己的性格。优化的方法和途径很多，其中最具有实际意义是多参加有组织的群众性的交往活动，在活动中表现自己，逐步培养自己开朗的性格、敢于与别人交往，虚心听取别人的意见，同时要有与任何人和谐相处的愿望，要有摆脱孤独感的信心。这样，每一次交往都会使其有所收获。久而久之，也就变得合群、乐于交往了。

（三）善于交往

在积极的交往活动中，是无暇顾及孤独也不会感到孤独的，所以积极地从事各种闲暇时间的兴趣活动能够使人觉得生活是充实而富有乐趣的。在此基础上积极参加社交活动，并不断扩大交往范围和增加交往频率，这样下去，便会抛弃狭隘的自我、抛弃自我封闭中的孤独感。[①]

四、向自卑和羞怯挑战

自卑和羞怯是人际交往中的心理障碍。因此，大学生应用积极的态度来对待自己的不足，驱赶消极的自我暗示所带来的消极情绪。不要让失败的情绪过多地束缚自己的心理，影响交往。要树立成功交往的信

---

① 刘玲.基于动态交互模型的社会支持对大学生心理健康的作用机制[J].武汉冶金管理干部学院学报，2021，31（01）：57-60.

心。充满自信的交往和成功的交往又增加了自信,从而进入良性循环。另外,不要拘泥于过去。人的心灵就像一个丰富的资源仓库,储存着过去的一切,有成功的经验,也有失败的教训。而对于那些痛苦不堪的失败的记忆,如果不设法消除,就会影响今后的人际交往。

五、消除嫉妒感

消除嫉妒感的方法如下。

（一）树立远大理想,培养共产主义世界观

嫉妒心理不是孤立的一种心理活动,而是受理想、信念、世界观制约的。因此,要想彻底抛弃嫉妒心理,就必须树立远大理想和培养共产主义世界观。

（二）通过自我控制、自我调节逐渐克服嫉妒心理

嫉妒心理不是天生的,是后天环境下形成的,也可以说是从小到大逐步学习来的,所以我们通过学习自我控制、自我调节来逐渐矫正自己的行为,克服嫉妒心理。

（三）从"我"或"私"字里解放出来

嫉妒心理产生的要害是以"我"或"私"字为中心,只想自己的荣誉、地位、利益。因此,如果不从"我"或"私"字里解放出来,嫉妒心理就难以彻底消除。

此外,还要加强意志力的培养,在自身行为矫正的过程中要有意志力。还可以通过转移注意力摆脱产生嫉妒心理的情境等。

六、正确地对待生活

一个人对生活的态度及其对人生的看法,会很大程度地影响人际交往的态度和方式。在社会生活中,每个人都因为特定的生活经历而形成一定的心境,处于特定心境的人,往往会戴上一副有色眼镜去看待世界,看待周围的人,这就势必影响着他与别人交往的态度和方式。

在生活中,有的人由于种种心灵的创伤,而把自己关闭起来不与人

交往；也有的人以清高脱俗的态度来对待人生，而不屑与周围的人为伍。据我们在心理咨询过程中了解到，这两种类型的人在大学生中是存在的。而且在很大程度上影响了他们的人际交往。

对于大学生来讲，要正确地对待生活应做到以下两方面。

第一，要以平等的态度与人交往，学习和正确地评价别人的优点和缺点。善于发现别人身上的闪光点，这样能找到更多的朋友、知音，并在正确评价别人的同时认识自己。

第二，要有对美好生活的渴望。一个憧憬美好生活的人，就会正视自己，用正确的态度对待人生中的一切，这样就会带着爱、带着友谊、带着清纯的心与人交往，而得到的也是纯真的友谊和真诚的心。在美好的生活中加强了对生活的热爱，人际关系会更加协调。

七、培养社交风度

要培养良好的社交风度，在人际交往过程中，必须做到以下几点。

（一）要有诚恳的待人态度

不管与什么对象交往都要显得诚恳、坦率，以充分显示你诚挚的内心。

（二）要有饱满的精神状态

人的精神状态在某种程度上反映人的内心思想。与人交往，神采奕奕，显得富有自信，就能激发对方的交往动机，活跃交往气氛，较好地与人交往。

（三）要有洒脱的仪表礼节

一个风仪秀整、俊朗潇洒的人，能给人产生乐于交往的魅力。得体的礼仪能增加人的交往风度。

（四）要有适当的行为神态

人的神态和表情是沟通人际间思想感情的非言语交往手段，是交往风度的具体表现方式。轻松而带有微笑是一种友好的表现；朴素大方、温文尔雅能正确表达你的良好愿望；分寸得当的交往距离能使彼此心理上感到舒适坦然。

（五）要有高雅的谈吐

人的谈吐能直接反映出一个人的学识,谈吐之美,在于言词恰当,言之有物,有一种自然的吸引力,吸引对方与之交往,从而使交往获得成功。

八、掌握人际交往的艺术与方法

（一）优化个性特征

人际交往中最大的心理障碍往往是个体自身不良的人格品质作用的结果,如自卑、羞怯、嫉妒等心理问题成为阻碍人们与其他人正常交往的拦路虎,而善于交往的人往往更多体现出良好的人格品质。

（二）学会倾听

许多人认为,在人际交往的过程中,一定要表达自己的想法、观点,这样才能达到沟通的目的。但事实上,有效的沟通往往是从倾听开始的。

1.倾听的态度

（1）耐心地倾听

让对方能够完整表达他的想法、观点和情感;没有耐心地倾听,无法了解事实,容易造成各种误解。只有感受到彼此尊重的沟通才会真正达到沟通的目的。

（2）专心地倾听

专心能让人很好地了解对方传递的信息,同时也表示了对对方的尊重。专心地倾听往往通过非语言行为表现出来,眼神接触、某种友好的脸部表情、某个放松的姿势等都能表达对对方的关注,增强对方的存在感,有助于建立亲密的人际关系。

（3）同理心

同理心使人产生共鸣,设身处地地去理解别人的感觉、需要、情绪和想法。当朋友向倾听者倾诉失恋带来的痛苦心情时,人们通常会安慰对方:"别哭了,想开点,以后找个更好的就行了。"但实际上,失恋的朋友听到这样的话,并不会觉得被安抚了,甚至会觉得倾听者没有理解自己。大道理人人都懂,但是目前失恋的朋友更想获得情感上的支持。这时,表达自己对对方的理解就显得尤为重要。

2. 倾听的技巧

第一,说话时注视对方,保持目光接触,不要东张西望。

第二,倾听的最佳时候是和朋友独处时,这样更容易让对方敞开心扉。

第三,面部保持自然放松的微笑,表情随对方谈话内容有相应的变化,如在适当的机会点头表示理解。

第四,不要中途打断对方的话,这样会让对方觉得你不够尊重他,从而影响信任。

第五,适时而恰当地提出问题,可以通过表述自己的意见加深谈话。

(三)要有洒脱的交往风度

所谓交往风度就是人在交往活动中一切言行举止概括的总称,是个体心理素质和气质修养的外部体现。洒脱的交往风度主要包括以下几方面。

1. 诚恳的待人态度

不管对待什么交往对象,都应诚恳而直率、平等而亲切。不搞阿谀奉承、吹牛拍马等。要做老实人、办老实事,要端庄而非过于矜持,谦虚而不矫揉造作,坦诚相见,不卑不亢,保持落落大方的风度。

2. 饱满的精神状态

如若精神振奋、情绪饱满,就能活跃交往气氛,丰富交往话题。反之会使对方兴趣索然。

3. 周到的仪表礼节

一个人仪表整洁、举止端庄、礼节周到,就能产生一种吸引的魅力。这种魅力不仅取决于外表,更在于人的内在品格的自然流露。

4. 集中注意力

在交往过程中,集中注意力,不仅使对方有受到尊重的感觉,同时有助于交谈思路更加条理化,启迪和开阔视野。

（四）把握适度原则

1.适度的心理距离

心理学上有一种人际效应的法则叫作"刺猬法则":冬天在一起取暖的刺猬因为靠得太近,会被对方身上的刺扎到;而离得太远,又觉得冷。于是刺猬会在反复多次尝试后,找到一个恰当的距离,这个距离既能让它们互相取暖,又不会被对方身上的刺扎疼。这个法则强调的就是交往中的"心理距离"。过犹不及,在实际的交往中,无论是建立亲密关系,还是自我表露,都要把握适度原则。

2.适度的自我暴露

自我暴露是指个体在交往中主动向对方展示自己真实的兴趣、爱好、价值观、态度以及隐私等,它是人际关系深度的标志,向他人自我暴露的程度越高,彼此关系就越亲密。

但是,无论关系多么亲密,人们都有不愿意暴露隐私的权利,这就需要互相尊重,不能随意侵犯他人的私密领域。自我暴露必须适度,否则会弄巧成拙。自我暴露时,面对不同的对象和情境,说什么,说多少,说到什么程度,都需要适度。只有恰到好处的自我暴露,才能促进情感交流,亲密关系才能维持和发展。

（五）要讲究语言艺术

语言是人类进行思维和交际的工具。交往双方通过语言开启对方心灵的门扉,或传递社会生活信息,或提出批评与建议。一个人的语言表达能力对他的社会交往顺利与否有很大影响。只有丰富自己的语言"仓库",不断提高驾驭语言的艺术,才容易获得成功。掌握语言艺术有如下基本要求。

1.谈话要看场合

不同的场合要求人们交谈的内容和方式有所不同。如待客要热情,做客要注意礼仪。

2.说话要因人而异

根据交往对象的性别、年龄、职业、生活阅历、社会地位等不同情况采用不同的语言和口吻。如与知心朋友可以开门见山，推心置腹；与生人交谈要讲究分寸；与异性交谈要文雅得体等。

3.善于运用礼貌语言

如"您好""请""对不起"等语言，既能拉近双方距离，又能反映出一个人的思想修养水平。

4.注意语言表达技巧

第一，叙事条理、层次清楚、富有逻辑性。
第二，表达生动，有声有色，具有形象性。
第三，情真意切，平易近人，具有感染性。
第四，穿插事例，比喻新颖，具有趣味性。
第五，吐字清晰，表达贴切，具有准确性。
第六，回味无穷，循循善诱，具有启发性。
第七，不说与主题无关的废话、玄话、大话、套话和假话。

5.善用肢体语言

（1）目光
眼睛是最有效地表露内在情绪的窗户，个体的态度、情绪、情感变化都可以从目光中反映出来。一般来说，目光大体在对方的嘴、头顶和脸颊两侧活动为宜，不能扫、瞟、盯、斜视等，而是自然地注视，且目光要随着谈话的内容恰当转换。

（2）面部表情
人的面部有数十块肌肉，可以做出上百种不同的表情，准确地传达出各种不同的情感状态，表现肯定与否定、接纳与拒绝、积极与消极、强烈与轻微等态度。所有表情中，微笑是最廉价也最宝贵的社交武器，几乎立于不败之地，人际交往中可以多多运用这个"法宝"。

（3）身体姿势
身体姿势是个体运用身体或肢体的动作表达情感和态度的身体语

言,是非言语交往中最有表现力的途径。心理学家通过研究发现,身体姿势具有一定的文化差异性,在不同文化背景下,同一个姿势可以表达不同的意思,同一个意思也可以通过不同的姿势表现出来。

（4）触摸

触摸被认为是人际交往最有力的方式,人在触摸或身体接触时对情感的体验最为深刻。适度的触摸可以让人感到放松、愉悦,同时会对触摸对象产生情感依赖。

九、增强人际吸引力

人与人之间的吸引力越大,相互之间越容易形成良好的人际关系。我们可以运用一些技巧来增强自己的吸引力。

第一,创造条件让双方在时空上更为接近,多找机会接触对方。

第二,了解对方的兴趣爱好、个性特征、文化水平、社会背景等各方面的信息,寻找彼此相似的因素。

第三,了解对方的需要和弱点。

第四,多谈论对方感兴趣的事情,对对方的观点和看法给予适当的支持。

第五,善于利用自身的优势满足他的需要,弥补他的缺陷。

第六,在交往中尽可能地展示自己的知识和能力,让对方感到你是一个知识丰富、聪明能干的人。

另外,"站要挺拔,坐要周正,行要从容"。在交往中表现良好的个性品质,热情待人,真诚关心别人,豁达大度,情绪稳定而愉快,自信开朗等。

十、处理好几种主要人际关系

大学生应处理好的几种人际关系包括以下几种(5-1)。

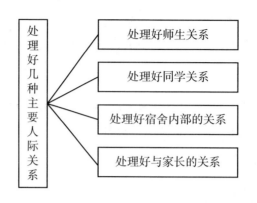

处理好几种主要人际关系
- 处理好师生关系
- 处理好同学关系
- 处理好宿舍内部的关系
- 处理好与家长的关系

图 5-1　大学生应处理好的几种主要人际关系

（一）处理好师生关系

大学师生间人际关系的和谐发展是具有极其重要的意义的。但调查发现,在大学实际生活中,有的学生承认,自己之所以某门功课学得差只是因为不喜欢教这门课的教师;有的学生之所以性格偏激固执、抑郁自卑是因为与班主任发生了矛盾。同时,我们也看到一些老师经常反映,部分大学生看到老师到学生宿舍礼貌欠佳,不懂得给老师让座。师生交往是一种纵向的交往,大学教师与大学生的相互接触不如中小学频繁,除了上课以外,其他时间师生交往不多,而且带有自发性、偶然性且多局限于知识学习方面。在师生关系的相互作用的过程中,老师应该是学生的良师益友,关心、尊重、爱护学生;但大学生更应有积极的态度,这样才能建立起和谐良好的师生关系。

第一,大学生在校学习期间必须尊师重教,为建立良好的师生关系奠定基础。

第二,大学生应抱有积极的态度主动与老师进行交往。有的大学生为了达到自己不正当的目的与老师进行交往,如试图借助于老师的影响,通过不正当的途径当学生干部、入党、评为各种先进等,这只能导致师生关系的扭曲,不能形成良好的人际关系。

第三,大学生应当学会换位思考。大学教师队伍中,有的人难免有这样那样的不足,如不适应高校的教育模式或者为人较为直率,说话无意中伤害了学生的自尊心等,大学生们应当通过合理的途径婉言指出他们的缺点,切不可当面顶撞,更不该背后议论或辱骂。

图 5-2　处理好师生关系

（二）处理好同学关系

在大学生活里，每个人都有自己喜欢的和不喜欢与之交往的人，这主要与大学生个人魅力的培养和自身综合素质高低有着密切的联系。这种现象实际上就是人际吸引。大学生要想处理好自己与班级和与同学间的关系，需要做到以下几方面。

（1）要正确处理个人与群体的关系，当好群体的成员。大学生活离不开群体，每个人都是班级的成员。因此，参加集体活动，处理好个人与群体的关系，当一名好的群体成员是大学生应该扮演的重要的校园角色。所以，大学生应多参加班级活动，如班级会议、集体聚会等活动，在群体中享受大学生活的乐趣。

（2）处理好同学之间的关系，应充分利用大学现有的一些积极的交往条件或方式，如尽量参加校园的各种课余协会或社团，参加各种学术沙龙、讲座、联谊活动等。另外，还应注意多进行一些个别的经常性交往，多关心同学的学习和生活，善于向同学敞开心扉。还要注意不只限与本班、本年级同学之间的"平面型"交往，而是广交学友，发展跨年级、跨系的交往，多交一些思想情趣相投、学业上相互帮助的挚友。

（3）在掌握交往原则的基础上，注意做到如下几个方面。

第一，培养良好的个性特征。注意克服性格上的弱点。应提高个人的外在和内在素质水平，切勿形成自私、虚伪、狡猾、性情粗暴、心胸狭窄等不良的性格特点。

第二，交往时要体现诚信原则。因为社会的一些不良因素影响或者同学之间的一些矛盾冲突而盲目地把人与人之间的关系视为尔虞我诈、互相利用的关系。

第三，发生矛盾时要体现宽容原则。人与人相处难免会出现摩擦，对于这种情况，大学生一定要了解，凡事要以大局为重，要体现宽容的原则。

图5-3　处理好同学关系

（三）处理好宿舍内部的关系

宿舍是大学生进行学习、生活、休息的一个重要场所，也是大学生建立良好人际关系的重要地方。人际关系和谐、团队精神强、具有良好的宿舍生活氛围对大学生的成长有着非常重要的作用。一般来说，处理好宿舍内部关系，可以从以下几方面做起。

第一，大学生宿舍成员之间要树立正当的竞争观念，培养积极美好的风尚。我们经常看到有很多大学生把竞争建立在个人主义的基础上，常常为了一些小事情就破坏甚至葬送同学之间的友谊。大学生要采取正确的竞争态度和方式。另外，大学生要在竞争中发展友谊，在发展友谊中促进竞争，竞争与友谊在本质上是没有冲突的，因而我们在竞争时也应坚持集体主义原则，积极发展友谊。

第二，应在生活中学会互相关心、互相理解、互相帮助，营造良好的宿舍生活环境。大学生在宿舍交往中除了要掌握前面说过的原则与技巧外，还要学会肯定对方，真诚热情，即要用真心与别人交往。

图 5-4　处理好宿舍内部的关系

（四）处理好与家长的关系

部分大学生由于自我意识、自尊心、成人感都相当强烈，此时尊重的需要是主导需要。但是，在现实生活中遇到问题时，父母总是高高在上地指责他们，而自己又很少主动与家长沟通，往往认为自己与家长之间存在着不同程度的"代沟"。

作为大学生，必须学会与家长沟通，应在合适的时间、地点很正式地、坦白地告诉父母自己的感受和看法，从而改变他们的行为或者进行探讨去寻找解决问题的途径。

当然，作为家长，应信任青年人，并善于发现青年中的新生事物，改变教育方法，建立"引导式"或"讨论式"的教育模式，利用经验帮助自己的孩子寻找最佳的解决问题的方法和策略。从大学生方面来说，更是应该在比较中虚心地向家人学习有价值、有意义的东西，理解、尊重家人，学会换位思考，学会宽容和负责任，不能苛求别人给自己平等、尊重，只有当自己与父母或家人一起承担生活义务时，才能获得他们的尊重。

图 5-5　处理好与家长的关系

第六章　高校学生恋爱管理研究

爱情是人类永恒的话题,是人类精神世界不竭的动力之一。大学生正值花样年华,充满激情和活力,他们心中爱情的种子悄悄地发芽并逐渐茂盛起来。大学校园的爱情如同夏日里的太阳雨,美丽却又有些伤感,浪漫却又有点无奈。可以说,树立健康的爱情观,是打开大学生未来幸福生活的金钥匙。

第一节　爱情的类型及特点

一、爱情的含义

爱情是情爱与性爱的有机组合,它是以男女间相互倾慕为基础、要求身心结合的特殊关系和强烈感情。爱情是人类特有的社会现象,它不仅是延续种族的本能,而且是融合了各种成分的完整体系,是社会性的道德关系、审美关系的体验。爱情是一种很复杂的感情,爱情中包含了情欲和性欲,光有性爱没有情爱的爱情,只会是畸形的、被扭曲了的爱情。因此,恋爱中表现出性意向是完全正常的。但是爱情更具有社会性,只能在一定的社会道德规范下产生或流露,这就导致了情欲表现的复杂性。一方面,性本能是一种无目的的内在力量;另一方面,青年男女必须按照社会规范行事,因此在情欲表露上往往不是直接的、冲动的,而是理智的、综合的。真正的爱情是不掺杂任何私欲的,如果讲利益的话,只能是把双方的幸福作为共同的利益来维护。

图 6-1　爱情

二、爱情的类型

根据心理学家李（Lee，1974）的研究发现，现代青年男女的爱情关系有以下几种类型（图 6-2）。

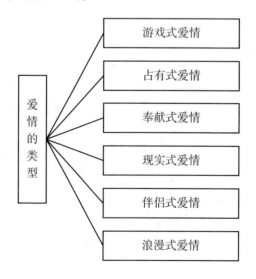

图 6-2　爱情的类型

（一）游戏式爱情

在大学校园里，很多大学生看到身边的同学纷纷出双入对，生怕自己被别人看不起，于是迫不及待地找一个对象，试图用这种方式证明自己的"魅力"和"价值"。也有人用恋爱的方式来摆脱寂寞和烦恼，频繁更换恋爱对象，并加以炫耀。

（二）占有式爱情

对所钟爱的对象给予极其强烈的关注和感情，并希望对方以同样的方式回应，好像偌大的世界只有他们两个人，除了对方，其他一切都不值得追求，显得暗淡无光。

（三）奉献式爱情

信奉爱情是付出而不是索取的原则，甘愿为所爱之人牺牲一切，不求回报，甚至用主动失去自我来体现自己对对方的爱。

（四）现实式爱情

将爱情视为对彼此现实需求的满足，不追求理想的爱情，因而会更多地考虑对方的现实条件。

（五）伴侣式爱情

在日积月累的相处中，两人的感情由友情逐渐升级成爱情，温存多于热情，信任多于嫉妒，是一种细水长流型的、平淡而深厚的爱情。激情过后的婚姻，多半都是如此。

（六）浪漫式爱情

受到某些文学作品、影视作品的影响，将爱情过分理想化，在寻找另一半的时候过分强调"颜值"、身材等外在条件。

三、爱情的特点

（一）爱情的一般特点

1. 浪漫性

浪漫性是指爱情活动的形式具有情绪化、艺术化的特点。几乎所有恋人的恋爱都带有浪漫性的特点，就连刑场婚礼也有"血色浪漫"的意味。芸芸众生，相恋时的猜疑、试探、撒娇也无非是变了形的浪漫。

2. 忠诚性

忠诚是爱情的首要属性。爱情的忠诚性包括以下两方面的内容。

第一，爱的忠诚性要求双方无论是在感情方面，还是在性方面，都要忠诚于对方。

第二，爱情的忠诚是发自内心的，即双方之所以会恋爱是因为真诚地喜欢对方，而不是迫于某种压力或者被金钱所吸引而选择与对方在一起。

3. 激情性

激情是兴奋的、冲动的，是年轻人恋爱的重要特点，然后这一特点也并不是青年人所独有的，一些身陷恋爱情感中的中年人或者老年人也具有激情，只不过这种激情与青年人相比较为短暂。表面来看，激情是与理智相对的，而实际上，激情的背后仍然会存在理智，正如任何一种情感都带有理性的成分一样。也许正是因为激情性的存在，才产生了爱情的浪漫性。

（二）健康爱情的特征

概括来说，健康爱情具有以下几个显著特征。

1. 平等互爱性

爱情要以当事人双方的互爱为前提，必须两相情愿，男女双方必须处于平等的地位。一方强制另一方的结合不是爱情；任何单相思也不是爱情；双方不平等也不是真正的爱情。

2. 自主性

男女之间爱情关系的成立必须完全出于当事人的自愿,而不能是出自其他外来因素和势力的干预。

3. 亲密性

恋爱双方强烈的心理依恋必然导致亲密,希望两人心心相印,不分你我。这种心理上的亲密,也导致身体上的亲密,但它总是以具有浪漫色彩的深情的凝视、紧紧的拥抱、轻轻的亲吻、甜甜的牵手为表征的。

4. 热烈持久性

爱情的热烈性一方面表现在爱的激情上,为一种强烈要求结合的冲动,全身心投入、互为融合;而且还表现在它的动力上,在爱情的推动下,人的潜能可发挥到极致,意志可达到巅峰。此外,爱情的持久性还表现在同生共死的强烈愿望之上。

5. 无私奉献性

在爱情关系中,即使是最自私的人也会表现出奉献性,愿意为对方的快乐牺牲和奉献自己的一切。因此我们常常通过是否发自内心来为爱人做其期待的事情这个指标来衡量爱情的存在和强度。

四、恋爱的心理特征

(一)隐蔽性

隐蔽性是指恋爱中的男女,言辞含蓄而富有诗意,爱在心头口难开。爱情发展到这个时候,往往是很含蓄、隐蔽的。作为女青年,往往希望自己爱慕的男性能主动对自己说出“我爱你”三个字,但是,男性一般更愿意用实际行动来表达他们的爱意。

(二)直觉性

直觉性是指恋爱中的男女之间相互美化、互相吸引,双方都感到完美无缺。甚至觉得自然景物和周围环境都因为自己伟大的爱情而变得更加可爱了,就算平常的事物也无一不打上爱情的印记。而此时,他们也可能在学习和工作上心猿意马,不能集中注意力,出现问题的概率比较大。所以,热恋中的大学生应注意控制情绪、放开视野,在工作和学习上树立远大目标,利用爱情的强大力量互相促进、共同提高。

（三）波动性

波动性是指恋爱中的人情绪变化很大,忽冷忽热,时喜时忧。这种大起大落的情绪变化有时会给身心健康带来不良影响。所以大学生要通过加强自我修养不断进行自我完善,减少情绪的波动性。

（四）排他性

排他性是表现爱情专一的一个特点,是指相爱的双方都不愿意对方再爱其他异性或被其他异性爱上。排他性表现为对意中人的专一执着、忠贞不渝的心理特点。这种特点有利也有弊,具体表现如下。

（1）排他性可以使爱情稳定持久。如果任由恋人与其他异性发展亲密关系,爱情就不可能稳固。这也说明对待爱情的态度应该是严肃慎重的。

（2）排他性如果发展到一个极端,会无端猜疑恋人的行为,造成严重的心理负担。大学生较同龄人具有更高的敏感性,能更好地捕捉人的心理活动轨迹,这也增强了发生猜疑的可能性。过度的猜疑、干涉恋人自由除了给自己带来烦恼外,还可能导致爱情的破裂,严重的甚至会使某些恋人承受不了心理负担而放弃生命。因此,处理好恋爱与友谊的关系是非常有必要的。

（五）冲动性

冲动性是指恋爱中的人控制能力减弱,不能正确判断自己行为的后果,这一特征会使恋爱变得很危险。热恋时,人的认识活动范围往往会缩小,理智分析能力受到抑制,习惯行为受到破坏,此时发生的许多事情可能会与平时的完全不同。因此,大学生应该提高自我控制能力,正确评价自己行动的意义与后果,尽力避免造成遗憾终身的后果。

五、大学生恋爱的特征

（一）恋爱低龄化

一是低年龄化，二是低年级化。大学中恋爱比例增大，年龄偏低是一个趋势。与以前大多数大学生在高年级或者毕业班才谈恋爱不同，现在不少大学生从入学之初便开始谈恋爱，甚至军训的绿色制服还未脱下，已经成双结对地出现在校园里。甚至有很多大学生认为，如果在大学里没有谈过一次恋爱，那就不算是一个合格的大学生。

（二）恋爱开放化

随着对外开放程度的加深、范围的扩大，大学生的恋爱观也变得更加开放起来。大学生恋爱的公开化程度普遍提高。现在相当多的大学生谈恋爱时不会考虑国情和文化的不同，不在乎别人的目光和议论，一些大学生在大庭广众之下做出一些亲密举动。有的大学生在恋爱问题上追求西化，有的与多个异性同时恋爱，有的受西方"性解放"的影响，对婚前性行为无所谓，把中国传统文化及伦理道德观念置之脑后。

（三）恋爱高速化

当前大学生恋爱的发展速度显著加快。以往的学生从相识到相恋，通常需要经历一段漫长的岁月。而现在大学生从相识到热恋进展迅速，有的只需要不到一个月或者一周甚至一两天的时间。同时，随着恋爱频率的加快，恋爱周期也缩短，恋爱的成功率也较低。

（四）恋爱功能化

以往大学生谈恋爱多以结婚为最终归宿，而现在大部分大学生谈恋爱并非为了结婚，恋爱动机和目的多种多样。有些大学生恋爱追求"不求天长地久，但求曾经拥有"，这是一种轻率的表现。大多数大学生都特别强调恋爱时彼此心动的感觉，享受恋爱的过程，不大注重恋爱的最后结果。有些大学生在与异性交往时，注重情感上的刺激快乐，对恋爱能否成功无所谓，更有甚者，错误地把恋爱和婚姻割裂开来。很多大学生认为谈恋爱的目的只是一种感情体验，及时行乐，借此寻求刺激，以满足感情需求，而婚姻则是另一回事。还有一些大学生为了消除寂寞，填补空虚,打发课余时间,把恋爱当作一种消遣。这种行为的本质是只强调享受爱的权利,而否认承担爱的责任。

（五）情绪大于理智

相当一部分大学生在谈恋爱时,不能理智地处理学业和爱情之间的关系。虽然从理性的角度来讲,大学生都明白学业才是第一位的,应该把学业放在首要位置。但是,很多大学生常常只是主观上、思想上存在这样的愿望,在现实生活中,有的大学生把更多大好时光用于恋爱。他们在情海畅游,乐不思蜀。爱的烈焰熊熊燃起,学习同样受到巨大冲击,很多原来的雄心壮志被抛却到九霄云外。爱情逐渐成为其生活的唯一追求。

（六）重权利轻能力

大学生恋爱中普遍存在的现象是,强调爱的权利,缺乏爱的能力。很多大学生的恋爱都是激情碰撞下的初恋,当激情消逝后,他们却不知道培养爱情。在爱情的磨合期,显得顾此失彼,常常不由自主地伤害了对方,稀里糊涂就分了手。对他们来说,恋爱、分手,这一切的一切只要都跟着感觉走就够了。这些人更强调爱的体验,而完全不顾爱的责任。

第二节 大学生的恋爱问题

一、大学生恋爱中常见的心理困扰

大学生常见的心理困扰如图 6-3 所示。

（一）虚荣与爱情

有的大学生看到周围的伙伴一个个都找到了自己的恋人,觉得自己如果没有恋人的话,形影相吊不说,更主要的是觉得自己太丢人了:为什么大家都有人爱,就自己不招人喜欢呢?出于这种考虑,他们发誓要找到恋人。

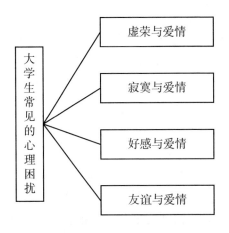

图 6-3　大学生常见的心理困扰

（二）寂寞与爱情

有些大学生一旦考入大学后,失去了明确的学习目标,学习缺乏动力,感到大学生活枯燥乏味,精神空虚,大学生活远没有想象中的那般丰富多彩,每天除了上课之外,同班同学在一起的机会很少,同学间的交流比起高中时更是少得可怜。在大学生中,由于寂寞而谈恋爱是较为常见的现象。

爱情,成了名副其实的避风港,成了严寒的冬日可以取暖的火堆,成了寂寞者的精神寄托。但是,当寂寞者适应了生活,不再寂寞时,用来填补寂寞缺口的爱情又将怎么办? 寂寞的爱情,最终只能是滴落在手上的胭脂红,无法成为心头的朱砂痣。

（三）好感与爱情

大学生在开始恋爱时,对好感与爱情两个概念经常分不清楚。好感能够给自己带来快乐、愉悦、兴奋的感受。但好感并不就是爱情,它们之间有着一定的区别和联系。

第一,有好感通常是发展爱情的前提和基础。许多人的爱情就是在有好感的基础上逐步发展起来的。

第二,好感具有广泛性的特点,一个人同时可以对几个人产生好感。而爱情具有独有性,一个人一般只会在一个时间爱上一个人。

第三,从持续时间来说,好感属于情绪性的反应,时间持续一般比较短。而爱情则是在长时间的相互了解中发展起来的一种稳定的、持久的情感。

第四，好感可能只需要了解对方一个或者几个让自己感到快乐的特点就可以产生。爱情却是整体的、概括一切的。"你说不上她哪一点美，只觉得整体都是美的。一种韵致浸透活跃的生命，明朗、流畅，却充满使人驻足回首的神秘"，这段话描绘的就是爱情。

（四）友谊与爱情

同学、同事、朋友之间在相互了解和信任的基础上形成的一种亲密、平等、真挚、友好的情谊关系就是友谊。对性、美感、依附三种因素的满足所产生的一种情绪体验则为爱情，它是基于人性的三种基本属性（生物属性、精神属性和社会属性）而产生的。

无论是同性之间还是异性之间，如为友谊，不管两人之间的关系发展到怎样亲密的程度，彼此之间也不会产生拥有对方身体的愿望。但有趣的是，异性间的友谊又常常是爱情的基础。友谊与爱情并不相互排斥，当爱情发展到一定阶段后，在爱情中培养友谊是一个重要且奇妙的内容。

二、大学生恋爱中常见的心理效应

（一）光晕心理

光晕心理，又称为光环效应或成见效应，指人际交往中形成的一种夸大的社会印象。在恋爱中有这种心理的大学生会看不到对方的缺点，一味美化对方，甚至把对方的缺点当优点。光晕心理实质上是一种极不理智的心理。

（二）自卑心理

自卑感过强的大学生在恋爱时，常常怀疑自己的能力，害怕遭到对方拒绝而有伤自尊，所以无法敞开心灵的大门。如果恋爱受挫，自卑感过强的学生就会自我封闭，不再试图开始下一场恋爱。

（三）逆反心理

在心理学中，逆反心理又称为罗密欧与朱丽叶效应，指因客观情况与个人主观需求不相符而产生强烈的抵触情绪，并引发一种负向要求和行为的心理活动倾向。在恋爱时,如果大学生的做法遭到了父母长辈的一致反对,那么大学生出于逆反心理,可能会更加希望和恋爱对象在一起,这就是逆反心理在恋爱中的表现。

三、大学生恋爱中常见的心理困惑

大学生恋爱中常见的心理困惑如图 6-4 所示。

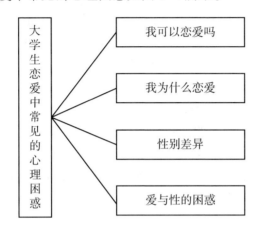

图 6-4　大学生恋爱中常见的心理困惑

（一）我可以恋爱吗

1. 我长大了吗

衡量我们是否长大重要的身体指标除了身高、体形外,就是生殖系统的发育及内分泌的变化。男孩在 13 ~ 14 岁,身体猛然增高,同时,睾丸开始产生精子,通常在夜间睡眠时精子得到第一次释放,这标志着男孩在生理上已经接近一个成熟的男性了。多数女孩子大约在 12 ~ 13 岁体验人生的第一次初潮,伴随着一丝恐惧和惊喜就从一个女孩子变成了一个少女。

2. 我够成熟吗

真正的爱情是具有成熟性的,是在个体身心都发展到相对成熟的阶段时产生的情感体验。很多人具有相对成熟的身体,但在心理上依然是一个小孩子。大学生可以看看自己是否具有以下缺点,如果有,则表明自己不够成熟。

（1）没有自我认同感

大学生突然要自己应付生活中的重要问题了,这种跨越造成的混乱使很多人感到烦恼甚至痛苦。很多大学生对个人价值和重要问题不能独立做出决定,不能理解自己是怎样的人,不能接受并欣赏自己,出现角色混乱。

（2）缺乏自主性

表现在什么都想自己做主,在行动上也不像以前那么亲近自己的父母,似乎已经成熟、独立了,但在诸如学业、工作、生涯规划,甚至很多生活小事上又缺乏自主性和自我控制,表现出对父母和老师高度的依赖感。

（3）自我中心和缺少责任感

爱情是具有利他性的,而现在的年轻人,大部分都是独生子女,从小在父母的呵护中长大,到了大学以后,仍然不能摆脱自我中心的思维方式,凡事只考虑自己的得与失,不能发自内心地帮助所爱的人做其期待的事情;面对困难和挫折,也更多选择逃避和推脱这些没有责任感的处理方式。

3. 我用什么来恋爱

大学校园里的爱情是最单纯、最浪漫、最轰轰烈烈的,但大学生在经济上还没有完全独立,还需要父母的支持。在恋爱过程中,尤其是男生在追求恋爱对象的时候,盲目地与同学攀比,认为爱情都是建立在物质基础之上的,因此请客、旅游成了恋爱的常规节目,从而增加了不少的经济支出和心理压力。另外,大学生正处在增长知识和掌握本领的最关键时期,学习、社会实践等都需要时间,那谈恋爱的时间又从哪里来呢?

（二）我为什么恋爱

在如今的大学校园里,大学生恋爱已成了普遍现象。但如果问他们为什么恋爱,大学生们的回答大致有以下几种。

1. 有个人来陪不至于孤独寂寞

许多大学生远离家乡、父母、朋友,孤身一人来到异地他乡,又不能很快地适应学习生活,孤独感随之而来,加上如果不会合理安排和规划大学生活的话,很多时间就会无事可做,生活无聊单调。处于青年时期的大学生们的敏感、冲动、孤傲等特点使他们跟别的同学关系复杂,难以亲近相处,但他们又渴望被关注,渴望情感的交流。于是很多大学生就通过谈恋爱来排解自己的寂寞。

2. 彼此一见倾心

许多大学生在大学校园里,碰到自己的梦中情人时都会情不自禁地陷入情网。看到他(她)就心跳加速、面色发红,甚至手脚都不知道该往哪里放,每天都忍不住想念他(她),于是,一段美丽的爱情故事开始了。

3. 积累恋爱经验

不少大学生把恋爱当成大学里的必修课之一,认为在大学里谈恋爱可以为以后的恋爱积累经验,觉得如果大学阶段不谈朋友太亏待自己。

4. 满足好奇心

大学生正处于喜欢探索自我世界的阶段,加上受到很多电视剧、言情小说中爱情故事的影响,对于没有恋爱经历的他们来说,爱情具有很强的吸引力。

5. 从众心理

有的学生甚至觉得不谈恋爱就不正常,因为只有很少的书呆子或者没有出息的人才一个人过。也有的学生认为没有男女朋友是因为自己没有魅力,为了证明自己,很多大学生就选择了谈恋爱。

6. 为个人发展寻求资源

一些大学生把恋爱作为达到自己某种目的的途径,谁能为自己找个好的单位就跟谁谈,谁能为自己吃喝玩乐提供方便就主动找谁谈,不再把感情作为爱情的基础。

(三)性别差异

国外有研究表明,男女两性在心理需求、思维方式、沟通方式、处理压力的方式等方面存在着明显的差异,所以不能够要求恋爱中的男女双方在每一个问题上想法都一样。这就需要我们存有一份爱心去体谅和沟通,从而接受对方、欣赏对方、赞美对方。只有这样,才能使感情更进一步,获得更长久的幸福。

(四)爱与性的困惑

根据亲密程度的不同,大学生的婚前性行为一般分为拥抱、接吻、抚摸和性交。当代大学生对婚前性行为的态度越来越宽容。有的学生认为发生婚前性行为是很自然的事,他们认为婚前性行为对以后的婚姻是有益的,因为可以增进感情,积累经验;也有的人是为了金钱而发生婚前性行为,甚至觉得这是一种权利,别人无权干涉。社会上,对于婚前性行为的观点呈现多元化的趋势。但是大学生们需要注意的是,过早地发生性行为,会沉迷于两人世界,也可能会影响学业。一旦性伴侣或恋人离开自己时,如果不能控制好欲望,还可能会导致违法犯罪;并且由于婚前性行为会导致怀孕,极易对女生造成严重的心理和生理上的压力和伤害。因此,大学生应尽量控制自己的欲望和好奇心。专心将精力放在提高自己的学业水平和综合素质上,不要轻易尝试爱的禁果,将它留给自己真正爱和真正要生活一辈子的人。如果两个人恋爱关系非常稳定,感情也相当深厚,控制不了要提前偷吃禁果,也应该先学习一些有效预防传染病及避孕的方法和措施,并且在过性生活的时候一定要采取有效的措施和方法,同时也要说服性伴侣乐意使用安全套、按期服用避孕药等有效措施,掌握一些使用中的注意事项和使用后的正确处理方法。

四、大学生恋爱中常见的心理挫折

大学生恋爱中的心理挫折主要有以下几种。

(一)失恋

失恋是指恋爱受挫失败。失恋引起的主要情绪反应是痛苦和烦恼,失恋者的心态一般表现为以下几种特征。

第一,心境恶劣。

第二,行为反常。

第三,精神错乱。

第四,报复。

第五,自杀。

图 6-5　失恋

（二）单相思

单相思是指以一方对另一方一厢情愿的倾慕与热爱为特点的畸形爱情。单相思又可以分为有感单相思和无感单相思两种。

1.有感单相思

有感单相思是一种对方知道你爱恋着他(她),但是,他(她)并不爱恋你的单相思。

2.无感单相思

无感单相思是一种一方深深地爱恋着对方,而对方并不知晓的单相思。无感单相思多属于幻想的单相思,相思者认为相思对象是遥不可及、神圣不可侵犯的,怀有敬畏之心。

图 6-6 单相思

（三）爱情错觉

爱情错觉，是指在异性间正常的交往中，一方错误地把另一方的平常行为，理解为对自己有爱意，从而错误地认为爱情已经到来的一种感受。这里应当指出的是，爱情错觉与单相思是不同的两个概念，它不是单相思的一种表现形式。单相思是指一方有意、另一方已明确表示无意，或者一方有意、另一方并不知晓的两种情况，表白无效或不敢表白是单相思者的痛苦来源。而爱情错觉并不存在不敢表白与表白无效的情况，错把"无爱"当"有爱"是他们痛苦的根源，或者说他们的爱情痛苦源于误会。大学生可以依据爱情的排他性、冲动性、隐曲性几个特点，来证明是否是自己产生了爱情错觉。

第一，排他性，如果你同其他异性亲密往来，他（她）无任何不满和嫉妒。

第二，冲动性，对你试探性的言语、行为表情，他（她）的反应是不在乎或反感，没有脸红、紧张等激动表情。

第三，隐曲性，他（她）总是大大方方对你表示关怀、帮助，与你谈话总是落落大方、随随便便，从不给你暗示的眼神和动作，对你们两人的交往，从不躲闪回避；而你约他（她）单独外出看戏、看电影他（她）却不同意。

凡是出现以上情况，很有可能说明你对他（她）的爱是出于错觉。

（四）一见钟情

一见钟情是指短时间内突然发生的爱情,一见钟情的浪漫爱情大多是来自性本能的驱使,激情燃尽后便意味着爱情的死亡。所以,要想爱情持久,必须要保持清醒的头脑,在对对方有深刻的了解之后再投入感情。

图 6-7　一见钟情

（五）师生恋

有些大学生不知不觉中爱上了未婚的异性教师,并为此而痛苦、自责和羞愧,感到不知所措。三年级以下的女大学生在同学中寻找爱情,临毕业时,她们纷纷改变方向把绣球抛给未婚教职工,这些女生大多是来自穷乡僻壤的才貌双全的佳人,目的是留在大城市图个油盐酱醋意义上的方便。有性无情的"师生恋"有悖于性爱道德婚恋价值观,潜伏着危险性。

（六）三角恋

有的学生在寻求爱情的过程中,落入三角恋的畸形恋爱中,三角恋中,最后的结局必然有人退出,因此三角恋只会导致不愉快和悲剧的发生,对恋爱的三方有害无益。

图 6-8　三角恋

（七）网恋

　　网恋是指在网络空间里,异性之间形成和发展的一定程度的情感依恋关系。随着互联网的发展,网恋成为当代大学生的新型情感交往方式。很多大学生认为,网恋是满足情感需要的一种方式。由于网恋是虚拟的,让自己感到轻松。超过一半的学生会在"失落""无聊"等情绪状态下发生网恋。对于网恋,学校应对学生进行合理的引导。

图 6-9　网恋

第三节　教育大学生树立正确恋爱观的方法

一、培养高尚的恋爱观

(一)真诚、理解、信任

在恋爱过程中,大学生应该彼此多一些理解、信任、宽容,彼此尊重,携手共进。爱情长久发展的牢固基石是相互的理解和信任。在爱情生活中,理解、信任、诚实、付出和宽容都是十分可贵的品质,彼此要相知、相敬、相让。大学生恋人应该互相理解和信任,扬起爱的风帆,把自己的爱之舟划向幸福的彼岸。

(二)摆正爱情与学业的关系

即使爱情是美好的,是人生的重要内容,但它也不是人生的全部。世界上没有真空中的爱情,一个学业和事业取得成功的人,其爱情之花就有可能开得更加鲜艳芬芳。爱情,应该服从于事业和学业,应该促进学业和事业的发展。大学生应该把学业放在首位,不能因把全部的精力和时间用于谈情说爱而放松了学习。只有爱情与事(学)业相结合,爱情之花才会永开不败。

(三)承担责任,相互奉献

爱,不仅是一种权利,更是一种责任和义务。爱的权利和义务是密不可分的。只强调爱的权利,不承担爱的责任和义务,就陷入了非理性主义的泥潭,必须予以否定。只强调爱的义务,无视爱的权利,那是对人性的奴役,同样应予以否定。大学生必须以高度负责的态度对待恋爱。在恋爱中大学生应该懂得,爱情是一种责任和奉献。爱情的无私,表现在给予而不是索取。美满的爱情生活来自不计回报地奉献和宽广博大的胸襟。大学生踏上爱的旅途后,如果没有强烈的责任感和奉献精神,是不会走上爱的康庄大道的。

（四）理智高尚地处理激情

爱情中如果没有激情是不完美的。但是，没有理智控制的激情是会酿出苦酒的。如果大学生整天爱得天昏地暗，把爱情当作生活的全部，对学业、事业不闻不问，终究有一天，爱情会从手中溜走。在校大学生正处于性生理和性心理发展的高涨时期，在热恋中容易激情泛滥，缺乏理智。为了对彼此负责，在热恋中尤其要有冷静而清醒的头脑。

（五）严肃认真、感情专一

要做到爱情严肃认真、感情专一，大学生要明白以下一些道理。

第一，爱情，是异性之间的爱慕关系，具有排他性。

第二，恋爱非同儿戏，双方都要真诚相待、实事求是地对待自己和对方。双方一旦建立了稳定的恋爱关系，就不可随意见异思迁。

（六）平等相待

现实生活中的每个人都是有自尊心的，都希望得到别人的尊重，尤其是与自己恋爱的一方，所以，在恋爱过程中一定要学会平等相待。

二、培养爱的能力

（一）识别爱的能力

在爱情当中人们常常以为是爱才和对方走在一起，其实可能掺杂了许多其他心理因素与物质因素。也许是为了虚荣，或为了满足征服的欲望；也许有现实的利益，或因为性。识别自己内心世界的情感，其实也需要勇气。

（二）表达爱的能力

第一，表达爱需要勇气，需要信心。

第二，表达爱需要选用恰当的方式和语言。

第三，表达爱是在表明爱一个人也是幸福，即使可能得不到回报。

第四，表达爱也就意味着要承担责任。

（三）接受爱的能力

当别人抛出爱的绣球时，并不是所有的人都有勇气接受。有的同学会对自己做出过低的评价，会觉得自己不配；有的同学认为自己不值得爱而不敢接受爱情；当然还可能是因为怕受伤害而不敢去拥有。总之，能否有勇气接受爱情，很重要的一点是是否有自信。

（四）保持爱情长久的能力

这种能力其实需要把对方的快乐当成自己的快乐，把对方的痛苦当成是自己的痛苦，凡事都要为对方着想，从对方的角度出发去思考问题，在遇到问题时要积极主动地去解决，另外，还要时刻学习，提高自己各方面的能力，只有不断学习、不断和对方进行有效的交流，才能使爱情的保质期更长久。

（五）解决爱的冲突的能力

两个人在相处的过程中不可避免地会因为意见不合等原因而出现冲突，面对这一情况，大学生一定要具有解决爱的冲突的能力，要知道，在恋爱中如果遇到了冲突，一定要冷静下来进行沟通，只有有效沟通才是解决问题的方法，一味地怒吼和谩骂只能互相伤害。

（六）拒绝爱的能力

大学生要具有敢于拒绝不是自己所希望的爱情的能力，如果在大学中有人向自己表白，而自己又不喜欢对方，那么就要勇敢地说"不"，如果优柔寡断，那么于人于己都是非常不利的。

三、培养承受失恋痛苦的能力

（一）稳定情绪

失恋是人生中一个很大的挫折，考验的是人的耐受挫折的能力。大学生应该正确认识失恋：失恋只是一种选择的结果；在失恋中学习，把失恋作为一种人生的财富；失恋给人再恋爱的机会。失恋中体验到的痛苦情绪会使得内心积累很多负性能量，因此需要采用向亲人、好友或心理咨询师倾诉的方式或者写日记、书信等方式宣泄情绪，从而缓解积蓄的心理紧张和心理冲突,以便让自己尽快回归到正常生活轨道上来。

（二）学会自我疏导

失恋是一生中最痛苦的心理挫折之一。不管是主动抛弃还是被抛弃,失恋会给双方的情感带来悲伤和心灵刺痛。因此,面对失恋,一定要学会进行自我疏导。

第一,了解分手共同性。一般来说,分手台词都有一定的共同性,如"我们性格不合"等。因此,当面对分手时,没有必要对分手原因追根究底,对有些男性在分手后的藕断丝连、犹豫不决要有一定的心理准备。

第二,失恋者应认识到你喜欢的异性是一类人,因此没有必要纠缠在一个人身上不放,要拿得起放得下,要明白,恋爱只是人生中的一小部分,而不是全部。

第三,人生是一个过程,可惜的是不能重来,可喜的是不需要重来。失恋究竟是绊脚石还是垫脚石,都在你的一念之间。因此,分手了就做回美好的自己。

第四,分手后,不要想立马通过爱情转移的方式找到情感替代,而是要花时间好好反思自己的这段感情,争取让自己从中吸取经验和教训,在失恋中得到成长。

（三）掌握合理的调适方法

面对失恋所导致的这些心理特征,承受着失恋打击的人,应采用合理的方法调适自我,从而走出失恋的泥潭。

1. 合理宣泄法

很多大学生在失恋以后情绪沮丧、悔恨不已,如此长期沉积,必然会导致精神疾病。因此,应采取合理宣泄法,即通过正常的发泄方式,运用发泄、疏导的方法,减轻心头压力。但是,失恋者切不可采取酗酒、赌博、吸毒、打人、杀人等不当的发泄方式,也不能出于卑鄙的报复心理肆意造谣中伤、诬陷诽谤对方。这样,不但无法帮助自己解除失恋痛苦,还会使自己更加萎靡颓废,甚至走上犯罪的道路。

2. 积极遗忘法

有的失恋者心中明知对方已经不爱自己了,却仍然禁不住怀念对方、眷恋对方,以致苦闷和烦恼。对于这类失恋者来说,应该采取积极遗忘法,即尽快遗忘过去,抹掉对方在自己心中的形象。

3. 忙碌忘忧法

失恋,对于任何男女来说都会在他们的灵魂深处烙上深深的痕迹。若失恋后状态非常差,那么不妨试试让自己忙碌起来。要知道,人生的主要内容并不只是爱情,还有比爱情更重要的追求,那就是学习、工作和事业。因此,失恋以后失恋者不可消沉下去,应该忙碌起来,把心中的忧愁驱赶出去,让积极忙碌的工作冲淡心中的烦恼。

4. 坦然相对法

失恋常常引起深刻的情绪障碍,主要表现为以下几个方面。

（1）自卑感

这类失恋者往往自己瞧不起自己,认为被别人抛弃了,把精神集中于自己的不足之处,根本不去考虑自己的优势和特长。

（2）羞耻感

一旦失恋,便以为不光彩、丢人现眼、低人一等、没脸见人,把失恋当成自己沉重的负担,牢牢地拴在自己的脖子上,压得自己直不起腰。

（3）依附感

这种人往往缺乏独立自主的性格,失恋时不惜下跪乞求,用痛苦和眼泪、花言巧语去感动对方,唤起对方的同情心,以挽救恋爱的失败。

如果存在以上情绪障碍,大学生失恋者一定要意识到自己出现了问题,要采取坦然面对法,让自己接受自己失恋的事实,告诉自己失恋不是什么可耻的事情,虽然这段恋爱失败了,可能以后会有更好的人在等着自己。

第七章　高校思想道德教育研究

　　我国大学教育的培养目标是塑造德、智、体、美、劳等方面全面发展的有理想、有道德、有文化、有纪律的一代新人；同时又是富有创造才能的高级专门人才。加强道德教育是培养社会主义建设事业的建设者和接班人的重要保证。因此，如何根据大学生的心理特点，通过有效的教育途径和方法，培养大学生的优良品德，是大学生心理学所研究的重要课题之一。当代大学生树立正确的道德观是思想道德修养的重要内容，是正确人生观、价值观内涵的深化和提升，亦是大学生怎样做人和使人生价值更显光彩的集中体现。

第一节　大学生的道德品质

一、道德品质的含义

　　道德品质与道德是密切相关而又有区别的两个概念。

　　道德是一种社会现象，属于社会意识形态范畴，是一定社会中调节人与人之间关系的行为准则和行为规范。假如这世界上只有你一个人，也就无所谓道德不道德。你可以夜半弹琴，可以随地吐痰，可以横冲直撞，只要你愿意。但是有了人类社会，有了人与人的相互关系，个人的言行就必须遵守一定的规则，以减少彼此的冲突与伤害。你必须保持安静以免打扰他人的休息；你必须把痰吐在痰盂里以免影响他人的健康；你必须遵守交通规则以免妨害他人的安全。你遵守这些规则与人方便，你维护这些规则与己方便。同样依靠这些规则，你的休息才不受打扰，健康才不受损害，安全才有了保证。遵守这些规范会受到舆论的赞许或感到心安理得,否则会受到舆论的谴责或感到内疚。这些由社会舆论力量与内心驱使来支持的行为规范的总和便是道德。人们以此来辨别行为的是非、善恶、美丑,指导和调节行为。社会上占统治地位的道德总是统治阶级的道德,它作为社会意识形态,为现存的经济基础服务。同时,道德现象又体现在各种社会关系之中,因此,道德又具有社会共同性。如要求社会各成员必须遵循的共同生活准则,包括尊老爱幼、诚实信用、讲究卫生、文明礼貌等。

道德品质简称为品德,是道德在个体身上的体现。一个人按照社会规定的道德准则行动时所表现出来的稳定特性或倾向,便是他的道德品质。比如勤奋学习、勇于探索、助人为乐、热爱祖国,都是当代大学生所应具备的品德。品德是一种心理现象,是个性心理的重要方面。因为它既包含一定的个体意识倾向性,又包含一定的个性心理特征;它既通过心理过程形成,又在心理过程中表现出来。因此,品德是一种特殊的个性心理,品德不是天生的,它是个人在社会生活中,接受社会现成的道德规范的结果,是社会道德在个人心中的内化与折射,是道德信念通过言行表现出来的稳固的心理特征。品德来自道德,评价一个人品德水平的高低要依赖于他所在社会的道德要求。品德又是一种个性,是一个人区别于他人的独特之处。一个人在日常生活中的一言一行都是在展示着他的操行。历史上有很多人对他们所处的时代产生过深远的影响,但有人流芳百世,有人却遗臭万年。品德的优劣就成了他们是非成败的关键。为社会造福的人是有德的人,他们名垂青史;给他人带来灾难的人是无德的人,他们遭到后人的唾骂。

随着社会的不断发展,道德的内容在发生着变迁,不同的社会有着不同的标准。从春秋到近代,我国一直以仁义治国,认为一个品德高尚的人对国家对君主要忠,对父母对长辈要孝,对人民对社会要仁,对朋友对他人要义。这"忠孝仁义"就成了衡量一个人品德高低的标准。

中华人民共和国成立后,曾把我国国民的公德概括为"五爱":爱祖国、爱人民、爱劳动、爱科学、爱护公共财物。多年来,"五爱"就成为我们进行思想品德教育的主要内容。我国台湾教育家冯定亚女士提倡把忠心呈给国家,把孝心献给父母,把信心留给自己,把热心传给社会,把爱心送给大家。她将"五心"作为每个人品德的原则。无论内容怎样变化,品德的基本原则都是一致的,那就是使人处理好与社会、他人、自己的关系,更好地适应社会生活。

二、道德品质的心理结构

道德品质的心理结构主要包括以下几方面（图7-1）。

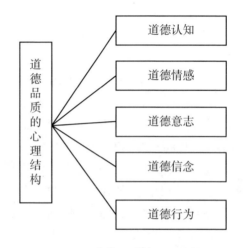

图7-1　道德品质的心理结构

（一）道德认知

道德认知是指对道德规范及其意义的认识，是人们对是非、善恶、荣辱的认识、判断和评价。道德认知是品德形成的前提和基础。知道什么是符合道德的行为，做了是有德，不做是缺德。对于缺乏道德认知能力的小孩儿和精神病人，不管他们的行为是否符合道德规范，我们都不能评判他们的品德，因为德并不在他们心中。

道德认知的对象是人与自身的关系；人与人、人与社会的关系；人与自然的关系，这主要表现在以下几方面。

第一，在社会生活中，个人要完善自我，必须首先认识自己，只有认识了自己的价值和特点，才能发挥长处弥补短处，才能开始约束自己或将社会的要求内化为自己的愿望，提高自己的道德境界。

第二，个人要完善别人，也必须认识别人，认识别人的要求和行为规律，认识别人的利益所在，这样，才能向他人提出要求，才能在处理个人与他人的关系时，以有利于人的完善为标准，促进他人全面发展。

第三，个人要完善社会，必须全面了解和认识社会，认识社会关系的复杂构成，认识社会发展的客观规律，并认识由这一规律所决定的道德原则及其道德规范,从盲目走向自觉,从必然走向自由。

大学生只有深刻地认识自我、认识他人和社会,才能相应地选择正确的方向。道德认知的过程是一个复杂的心理活动过程,它是个体对价值进行的取舍活动。当一个人和社会发生交互作用时,会产生心理过程,形成道德感知,进而进行道德判断,最后形成道德认知。

（二）道德情感

道德情感是与道德要求相联系的内心体验。当人们的行为和观念符合社会准则时,心理上就会产生愉悦的满足感;反之,就会产生内疚和悔恨的情感,在看到他人违反道德时感到厌恶、反感、气愤;在看到我国体育健儿夺取金牌时感到骄傲、自豪、兴奋。道德情感是促使人们改正不道德行为而作出道德行为的催化剂。道德情感一经形成,即成为一种强大的内在力量,影响着人们对道德行为的选择。

道德情感的活动形式具有多样性,但总起来看,可以归结为二类:一是指向他人或社会的道德情感活动,如同情、尊重等;二是指向自身的道德情感活动,如羞耻、自尊等。

1. 同情

同情是大学生个体心理机制之一,是人从同情心出发而帮助他人的情感倾向和活动。同情作为一种情感活动是借助"感情共鸣"进行的,是从联想的方式进行的。由于联想,人们在面对别人表现出来的情感状态时,会根据自己以往的经验推想出他人是苦还是乐,并在自己心中产生相应的感受。由他人联想到自己,由自己推想到别人。

同情有两种表现形式:一是对不幸者、受难者、弱者的怜悯;二是对他们的关心、爱护和帮助,对造成他们不幸的原因产生强烈义愤。同情是一种纯洁的感情,是一种利他的道德情感活动。同情这种道德情感在大学生身上具有普遍体现,但由于每个人的性格不一样,所以在同情对象以及程度等方面会存在不同。

2. 尊重和自尊

尊重和自尊是同一种情感的两个方面,尊重指向他人,自尊指向自我。通过尊重,人形成了自己的责任感,承担起做人的义务,也获得了自己的价值。尊重是一种内在的理性情感,是使自己的意志服从规律的情感。尊重道德规律可以使人形成责任感,而责任感又要求人们对自己的活动负责,也就是要人们自尊。个体通过自尊往往又形成了道德荣誉感,自尊和荣誉感使人自强自立,既期望外在的好名声,又追求内心的自我欣慰。自尊和荣誉感是推动个人道德完善的道德情感活动。大学生因自我意识的高度发展,往往具有强烈的自尊,并有很高的荣誉感,相对而言,责任感较为薄弱。

3. 羞耻

羞耻常常是在检查个人的行为、衡量个人的价值、判断自己的人格,对那些达不到一定要求的行为,以惭愧、懊悔等方式表现出来的无地自容的感情。人在知耻的过程中,反省自己,改过自新,完善自己的人格。羞耻常常在个体内心掀起风暴,激发个人同自己的不良行为作斗争。羞耻是个体道德情感活动的重要方式之一,对于人的品德完善具有重要意义。但过分的羞耻也会带来反作用,现代心理学理论不止一次地证实,过分的羞耻是人格不健全的标志。它常常会使人沉溺于自责不能自拔,最终导致心理障碍和精神性疾病的发生。在大学生群体中,羞耻感是一种具有普遍意义的道德情感,但由于大学生个体的价值观念层次不一,羞耻感在各人身上,其反映的水平也各异。

(三)道德意志

道德意志是指克服困难来达到一定的道德目的的活动。道德有时意味着为遵守规则而克制自己,为了集体的利益而牺牲个人,没有一定的道德意志是无法做到的。道德意志是道德认知转化为道德行为的关键环节,是调节行为的真正力量。只有当个体内心形成一种较为稳定的道德意志之后,他才能不以外部环境的影响为转移,而以内心的道德意志来调节与控制自己的行为。道德意志能够调节人的行为。儿童由于意志水平低,无法调节自己的行为与观念保持一致,往往是说到做不到,言行不一。一些品行不良的青少年虽然迷途知返,怎奈意志力差,抵抗不了物欲的诱惑,重又跌进深渊。可见道德意志是推动行为的一个有力杠杆。具有坚定道德意志的人,可以面对冷峻的现实不畏不惧,投身生活的长河不随波逐流,抵御住现实生活中的各种诱惑,用理智战胜欲望,坚持道德的行为,将自己的道德认知与道德行为付诸实现。而道德意志薄弱的人则习惯于将自己的活动交给他人、社会和权威者安排,按照外界的意志去行动,既不承担风险与责任,也可免除决定的烦恼与忧愁。

（四）道德信念

道德信念是个体对世界、对社会、对人生、对某种道德规律的某种坚定、执着的理解和信仰,是激励人们按照这一理解和信仰行为处事的高级动机。道德信念是内化的道德标准,它告诉人们应该做什么,不应该做什么,激励行为者按照自己的规定选择行为。道德信念一经确立,便会以明确的目标,规范人们的行为。道德信念是个体认识事物的出发点,是个体判断是非的准则,也是激励人们活动的精神源泉,道德信念是一种发自内心的、主动要求得到维护和实现的道德需要。具有坚定道德信念的人,往往能不惜一切代价地履行自己的道德义务。在品德心理构成中,道德信念居于主导和核心的地位,它常常对品德的其他心理成分起支配和调节作用。

（五）道德行为

道德行为是人在道德意识支配下所采取的行动。一个人的道德面貌是通过道德行为来表现的。高尚的品德不是说出来的,而是做出来,而且要形成行为习惯。一个真正有德的人,在日常生活中无时无刻不在展现着他的德行。

在道德行为的完成过程中,还包括目的与手段两个因素,目的是个体为行为确定并力求达到的目标,手段是个体为达到目的而采取的方法、方式、途径。目的决定和规定手段,有什么样的目的就会有什么样的手段,目的的性质往往决定着手段的性质,高尚的目的必由高尚的手段来实现,而卑劣的目的也常常配之以邪恶的手段。目的决定手段,但目的不能证明手段,不能因为目的正当,就认为可以不择手段,目的决定手段也有一定的限制和条件。

三、道德品质修养的价值

道德品质修养的价值如图 7-2 所示。

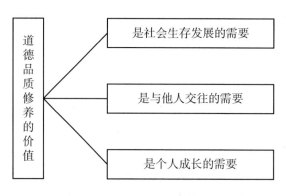

图 7-2　道德品质修养的价值

（一）道德品质修养是社会生存发展的需要

道德是人类社会的独有现象，正是依赖着道德准则和规范，几十亿人才能共存于一个星球，人类文明才能加速发展。大学生是未来社会的栋梁，他们的道德修养水平，预示着未来社会的荣辱兴衰。无数个人构成了社会，无数个人的道德品质构成了社会的道德。尤其是当大学生们成为这个社会的中坚力量的时候，他们的道德水准足以影响一个时代。为国、为民、为未来，都应该注重个人的道德品质的修养。

（二）道德品质修养是与他人交往的需要

人生于世，离不开他人。如此人口密集的社会，一言一行都可能影响他人的生活，引发他人的评论。而他人的评论反射回来，小则关系到生活的质量，大则关系到人生的成败。

（三）道德品质修养是个人成长的需要

在这个社会上，也许我们并不能为别人做些什么，我们只是在成长着自己。帮别人一次，也许并不能使别人从此万事如意，但却在你自己的心灵上留下了光辉的一笔。也许，只有一个人在漫漫人生之旅走过的时候，才会真正地体味到：他（她）可以不聪明，可以不美丽，可以没金钱，可以没权力，唯一不可缺的是品德。

四、道德品质的发展阶段

道德品质的发展阶段如表 7-1 所示。

表 7-1　道德品质的发展阶段

道德品质的发展阶段	具体阐述
萌芽期	学龄前儿童多属于这一阶段。这一时期的道德品质主要由简单的知觉、情绪和动作所构成,它们是儿童因切身需要而产生的相应反应,基本停留在本能的层次上。这一时期由于儿童对外界尚不能做出独立的自我判断,他们的品德是受外界支配的品德,往往是行为的物质后果决定着他们的是非标准,对个体的奖励与惩罚支配着个体的行为表现。因此,这一时期,个体的品德不是真正意义上的品德
形象期	小学和初中阶段的个体基本属于形象期。它主要由道德表象、道德情景、道德榜样、道德行为模仿构成,它除了具有切身需要意义外,也具有集体需要意义。这一时期是个体品德形成过程中的基础阶段
独立判断期	高中生、大学生大致处于这个阶段。个体在这一阶段,他们的生理和心理都有了很大的发展变化,思维水平已经开始从形象思维逐步上升为抽象思维、逻辑思维,自我意识也得到高度发展。这一阶段,道德认知中开始有了独立的自觉的道德判断,对道德现象的认识也开始趋于对质的把握。道德情感在这一阶段日益丰富而强烈,开始较大地影响着个体品德的形成。道德意志也开始明显地在个体道德行为的完成中起协调作用。道德信念也开始趋于确立、形成,对个体道德行为的选择有了主导和支配的作用。道德行为则进入能够通过自己的意志力量去实现较为困难的道德目的的阶段。在这一时期,品德心理较萌芽期、形象期有了很大发展,但还是不稳定的,个体的品德心理还易受外界环境条件和周围人的影响,客观外界某一因素的变化,可能会使个体改变对社会生活意义的看法
稳定期	从心理发展角度看,大学生群体中的一部分人、成年人大致处于这个阶段。随着个体道德认知水平的提高,个体逐步建立起自己的、合乎社会发展规律的道德理想,并开始力图以道德理想对自己的行为进行科学的评价。这一阶段,道德认知在道德情感作用下,已逐步形成稳定的道德信念。道德情感则以强烈和深沉的形式,稳固地蕴藏在个体中,影响个体的行为选择。道德意志的发展趋向完成,形成顽强的道德意志。道德行为整体趋于一致,且逐步形成一种行为习惯。在这一阶段,品德心理的五种基本成分相对保持稳定

五、构成道德品质心理的内容

构成道德品质心理的内容主要包括以下几方面（图 7-3）。

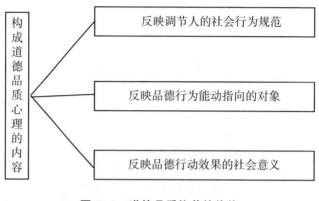

图 7-3 道德品质修养的价值

（一）反映调节人的社会行为规范

一般包含社会生活的简要共同规则，如道德行为规范、法律行为规范、经济行为规范、政治行为规范和人生行为哲理准则等。此外，还有职业操作规程、职业纪律、职业道德等。这些社会行为规范，本质属于社会精神领域，是第二性的，是不能独立存在的。但它借助于一定的物质载体，如口头语言、书面语言、电磁波等又可相对地独立存在于人脑之外，构成人的品德的重要源泉。它本身是伦理学研究对象，它一旦被人掌握，便转化为主体品德的心理内容。相应地，主体品德便呈现为伦理道德观念、经济法规观念、法纪观念、政治思想觉悟、人生观、世界观理论观点。这种客观的社会行为规范转化为主体的品德心理内容，正是德育心理学研究的对象。

（二）反映品德行为能动指向的对象

主体品德发挥能动作用指向对象，主要是指处理、调节人与人交往的实际的社会需要。这是主体品德能动作用的特殊性所在。现实中人与人交往的社会需要，以人的社会地位为基础，以人的社会身份为核心，以"义"与"利"的关系为标准，又可分为以下几方面内容。

第一,调节自己所属集体与全社会的关系和需要。

第二,调节个人与集体的社会关系和社会需要。

第三,调节自己所属集体与其他集体的关系和需要。

第四,调节个人与个人的社会关系和社会需要。

第五,调节个人与社会的社会关系和社会需要。

第六,调节自己所属社会、国家、政党与不同的社会、其他国家、其他政党的关系和需要。

反映这类社会关系,一方面是认识自己在这些社会关系中的社会地位,另一方面,便是人与人交往中相互满足需要,影响心理距离、亲疏强度、形成和谐的人际关系,组成品德行为能动作用的指向对象。

（三）反映品德行动效果的社会意义

品德行动效果是品德行动的物质能量产生的客观的社会效果。社会效果有好、坏、大、小、有、无之分,赋予不同的社会意义。根据社会行为效果的社会意义,一般可以分为以下几种。

第一,生活意义。

第二,道德意义。

第三,法律意义。

第四,经济意义。

第五,政治意义。

第六,人生社会历史意义。

根据其调节人与人交往的社会关系、满足需要效果的社会意义,一般可分为以下几种。

第一,符合切身需要的意义。

第二,符合集体需要的意义。

第三,符合民族需要的意义。

第四,符合阶级需要、国家需要的意义。

第五,符合社会历史发展需要的意义。

这些社会意义在品德行动之后才能实现。这些客观的社会意义转化在人脑中,变成主体意义,构成人的品德行动的真正内心动力。它决定着内心需要的取舍,左右着内心中需要与不需要之间的最后选择。

第二节　当前大学生思想道德问题

一、缺乏正确的道德情感

很多大学生缺乏正确的道德情感,往往爱憎颠倒,荣辱不分,重江湖义气,缺乏真正的正义感。同时,因为这些学生经常遭到人们的批评、斥责和嫌弃,他们在情绪表现上常与教师和同学对立。他们对家长、教师和同学们的批评听不进去,甚至格格不入,产生反感、对抗。对自己既自卑又自尊,又不允许别人蔑视自己。在这种"受伤"的情感支配下,常以粗暴蛮横的行动来发泄自己的烦燥不满情绪。他们情绪多变,高兴时狂欢乱舞,愤怒时暴跳如雷。

二、道德观念模糊

现实生活中,很多大学生往往把吃、喝、玩、乐视为"实惠",把"哥们义气"当成真正的"友谊",把守纪律当成影响个性发展的障碍物,把自由和纪律对立起来。他们精神空虚、贫困,没有远大理想,信念不稳定,缺乏进取心。这些大学生由于道德观念模糊,是非不清,所以鉴别力差,最易受不健康东西的影响。例如,一些品德不良的大学生对一些不健康的小说、刊物和小报,无批判地接受其中的错误观点,模仿消极的处世态度。他们往往听不进师长和品德优良的学生的正确意见,甚至将糊涂认识变为恶劣的行动。

三、行为习惯不良

品德不良的学生往往有许多坏习惯,最常见的几种如下。
第一,对人不诚实,惯于说谎。
第二,好逸恶劳,不惜时光。
第三,自由散漫,不守纪律。
第四,流氓习气,低级趣味。

第五,爱占小便宜,有偷窃行为等。

这些不良行为习惯在不同的人身上发展程度不同,表现形式也不一样,但其危害是严重的。若不引起注意和纠正,就会向更严重的方面发展。

四、出现多方面的冲突问题

(一)独立自主的需要与家庭、社会管束之间的冲突

大学生独立自主的意识非常强烈,他们不仅认为自己可以离开家庭,对自己的事儿自己能作出决定,而且还认为他们可以脱离世俗的束缚来超然地看待世界。可是他们还与家庭存在着千丝万缕的联系,与学校的纪律要求存在着矛盾。因而有些大学生感到自己的自由受到了限制,由此出现了对立的情绪,而这种对立的情绪一出现,就容易伴随着一些不良的言行,如顶撞师长、损坏公物等。

(二)不良习惯与集体规范的冲突

很多大学生第一次离家住集体宿舍,有些大学生是家中唯一的孩子,缺乏与兄弟姐妹共同生活的经验。自己住一个房间时,可以随心所欲,但集体生活场所、时间都是公共的,因此,一个人的行为无时不对他人产生影响。这种集体规范会给有不良习惯的同学带来思想和行为上的冲突。为了逃避这种冲突,他们可能独来独往,逃避集体活动,久而久之,就与集体拉开了距离。这样,不但不能改正已有的不良习惯,还容易养成新的不良行为。

(三)强烈的个人欲望与缺乏现实性的冲突

大学生正是充分体验自身的欲求和需要的时候,他们有着优良的个人素质,同时也期望社会能为他们提供更优越的条件。但是,他们经济上尚未独立,生活的范围还很狭窄,这就大大限制了他们欲求实现的可能性。在这种冲突下,如果不能有效地抑制自己的欲求,就不得不采取一些不正当的方式来获得满足。这时大学生就容易出现以下几方面的问题。

1. 对物质的过分追求

大学生的消费水平很高,但是他们的收入却很有限。如果一味追求物质的享受,那么私欲的膨胀就会引发不良行为,从占小便宜到盗窃、抢劫。

2. 对异性的过分倾慕

大学生的性发育已经成熟,但由于经济、社会、法律的限制而无法确定稳定的婚姻,性欲不能以正常的方式获取满足,加之大学生易受一些新潮的自由化思想的影响,而发生一些玩弄异性、婚前性行为等不良行为,甚至会出现一些性罪错,来满足自己生理上的欲求。

（四）道德动机与道德行为的冲突

大学生常常抨击时弊,但自己有时也会卷入一些不良行为中。这种动机与行为的脱节是大学生中常见的品德发展障碍。随着知识的增长,大学生已能够对一些事作出正确的判断,可是真正自己做起来就是另一码事了。那些不良的行为方式和习惯还在支配着他们,那种不拘小节的思想还存在于他们的脑海之中。虽然有征服世界的雄心,却没有征服自己的勇气,这是当代大学生的一种不良表现。

（五）自尊的需要与人轻言微的冲突

大学生在中学阶段可能曾是所在学校的佼佼者,受到师长的器重和同学的敬佩,但是一进大学,这种优越感骤然消失了。没有奖杯,也没有了掌声,这会使一些同学从心底油然而生一种惆怅和失落。沉寂与苦闷中,有些人奋发向上,重新找到了自己的位置和方向;有些人则颓废沉沦,或沉醉于烟雾酒气之中,或缠绵于花前月下,既荒废了学业,也忽视了个人的修养与成长。

（六）渴望友谊与交友困难的冲突

青年时代是一个渴望友谊的年龄,大学生从家庭中独立出来,便把情感寄托于同龄群体之中。然而由于缺乏人际交往的经验和技巧,使得在大学生中交友变得很困难,结识一个人很容易,但是交一个朋友,一个知心的朋友却并不容易。越是没有朋友的人越是渴望友情。一方面,闭锁的心灵给他们的交往带来很大障碍；另一方面，渴望关怀的人却抵御不了温情的进攻，而盲目地陷于感情的纠葛之中。没有朋友会迷失自己，交友不慎则会带坏自己。

（七）希望成功与学习不良的冲突

走进大学的不一定都是同龄人中最优秀的，但是至少在学习上，他们是成功的。在中学阶段，学习上能成功似乎意味着一切。在大学，他们同样下定努力学习的决心，要赢得更辉煌的成绩。在第一个学期里，几乎所有的学生都埋头于教科书中，为每一次考试做着积极的准备。但取得优秀成绩的终是少数。大学的考试，要求有广博的知识、深刻的思维和创造性地解决问题。而且功夫在课外，比的不再是老师教的知识，而是每个人的自学能力。一些人会感到难以适应，而无法达到预期的成绩。这对于注重学习成绩的人来说无疑是个很沉重的打击。这种失败不仅影响了一个人的情绪和个性，也为品德的发展带来了障碍。

第三节　如何帮助大学生树立正确的道德观

一、优化校园文化环境

校园文化环境的优劣，直接影响着学生的心理状态和人格发展。这方面的工作可以从三方面入手（图7-4）。

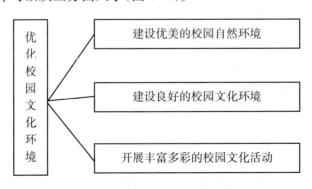

图7-4　优化校园文化环境

（一）建设优美的校园自然环境

校园自然环境包括学生学习、生活、活动的场所，是校园环境的硬件。优美整洁的环境给人一种奋发向上、生机勃勃的感受，使人愉悦身心、消除疲劳、减轻焦虑。美好的校园环境具有精神抚慰剂的效应，有利于人们性情的陶冶。

（二）建设良好的校园文化环境

校园文化环境集中体现在校风、学风、班风的建设方面，是校园环境的"软件"。良好的三风是一种无形的力量，它在潜移默化中对学生心理发挥着积极影响，为大学生的健康成长提供着重要的精神土壤和心理氛围。

（三）开展丰富多彩的校园文化活动

校园文化活动为大学生的成长发展提供了机遇和舞台。各种学术活动、文艺活动、体育活动、节日庆典、社团活动的开展，有利于丰富学生的精神生活，发挥个人才能，增加人际交往的机会，使生活变得富有情趣，心理压力得以缓解，获得更多的社会心理支持，使自己的心理世界更加健康。

二、创设良好的道德环境

品德不良的学生因常受到成人、教师的斥责、惩罚和同学们的耻笑和歧视，一般都比较心虚、敏感，常以一种沉默、回避、怀疑或粗暴无礼的态度对待老师和同学。处于这种心理状态下，教育是很难奏效的。因此，为了使他们更好地接受教育，教师应积极设法改善师生之间与同学之间的关系，真心实意地尊重、关心和爱护这些学生，使他们认识到老师的善意，体验到集体的温暖。只有如此，他们才会消除疑惧心理和对立情绪，增强对他人的信任感。

三、将品德心理的维护课程纳入学校的正常教学体系

品德心理的维护是面向全体学生心理发展的教育，在学校的特定环境中,课堂教学是进行品德心理维护的主渠道。根据教育行政管理部门的要求,我国许多高校已以各种形式开设了系统的品德心理的维护课程或相关课程。这些课程的开设,对于普及品德心理知识起到了重要的保证作用。21世纪对教师职业提出了更高层次的要求,教师不但是学生知识、技能的传授者,而且应该是学生心理健康的指导者,履行着学生"心理医生"的职责。因此,把品德心理的维护课程纳入学校正常教学体系,既是学生自身发展的需要,也是面向21世纪教育教学改革的必然趋势。

四、建立三级心理健康保健网

北大清华等高校心理工作者和思想政治工作者,根据我国高校实际,提出了建立高校三级心理保健网的构想。传统的三级保健网着眼于防病治病,现代的三级保健网着眼于促进人的身心健康和发展,提高人的适应能力和生活质量。

（一）大学生品德心理保健网的三级功能

大学生品德心理保健网的三级功能如表7-2所示。

表7-2　大学生品德心理保健网的三级功能

大学生品德心理保健网的三级功能	具体阐述
初级功能	防治心理疾病。当代大学生处在变革的时代,又恰是变动不居的年龄阶段,心理矛盾比较突出和集中。如果心理冲突过于强烈,持续时间过长,很可能引发一系列生理和心理反应,严重的会导致各种心身疾病。初级功能重在及时发现心理问题,并采取相应的干预措施,予以矫正和治疗
中级功能	大学生在学习、交友、恋爱、择业等一系列生活事件中遇到挫折,会引发许多心理困扰。心理保健的中级功能在于指导学生深化对自己、他人和社会的了解,提高挫折承受力,善于自我调节,增进对社会和生活的适应
高级功能	发展、健全个体。心理保健的高级功能是帮助大学生认识自我,发现自己的潜能,保持良好的心态和健康的生活方式,全面地发展自己,完善人格,展现个人的价值

（二）三级心理保健网络

三级心理保健网络如表7-3所示。

表7-3　三级心理保健网络

三级心理保健网络	具体阐述
初级保健网	由受过培训的学生组成。品德心理的维护工作者通过各种途径对他们进行培训，作为初级保健网的心理保健员和咨询员。他们生活在学生当中，与学生接触密切，便于及时发现同学中的问题，并及时向高一层次保健网介绍、反馈和联系，充分发挥初级网络信息畅通、贴近学生、反应快捷的优势。学生咨询员每班可设置 3～5 人，可选择那些有群众威信、正派、坦率的学生担任咨询员，做好老师的助手
系级保健网	由各系部从事学生工作的人员组成，如班主任、辅导员、学生部工作人员及部分政工干部。他们在教学和政治工作一线，与学生接触直接、关系密切，了解学生的思想和心理状态。在接受比较系统的品德心理知识培训后，不仅有利于思想政治工作和学生管理工作的科学化建设，而且可以使他们有效区分思想问题和心理问题的不同点，从新的视角来认识和处理学生中的各种问题
校级保健网	由专业心理教育工作者和学校有关部门人员组成。常见的如心理咨询中心、学生辅导中心等，它主要起一种总体的协调和指导作用。主要职责如下。 第一，培训各级咨询员。 第二，对心理问题比较严重的人进行咨询和治疗。 第三，进行心理健康普查，建立学生心理档案。 第四，从事品德心理维护的教学和研究活动。 由于学生中有较严重心理问题的人往往涉及一些个人隐私问题，学生可能不希望"官方"人士知道，所以，校级心理咨询中心最好由专业人员组成并且保持相对的独立性

五、矫正大学生品德不良的心理

（一）提高道德认知

品德不良的学生一般都有一套错误认识，这套错误的认识，由于某些条件的强化，以致形成错误的意向，支配着他们不断地犯错误。因此，提高其道德认知是矫正学生不良品德的重要一环。提高学生道德认知的主要方法如下。

第一，提供范例，学有目标。

第二，提出明确要求，保证严格执行。

第三，坚持说理教育，组织正确舆论。

第四,生动有力地开展批评和自我批评,提高学生道德评价的能力。

第五,坚持正面教育,以奖励表扬为主,奖惩分明等。

(二)保护自尊心

自尊心是促使人们积极向上,努力克服缺点的内部动力之一。品德不良学生也有自尊心,甚至达到过敏的程度,有时无意中说的话,也会引起他们强烈的冲动。自尊的另一种表现形式是自卑感,这种自卑感恰恰是自尊心受到摧残后的心理状态。因此,我们在教育过程中,一定要尊重他们,并努力通过发掘他们身上存在的哪怕是极微小的积极因素,来培养激发他们的自尊心,鼓励他们发扬优点,克服缺点,增强前进的信心和勇气。

(三)通过实践锻炼与诱因作斗争的意志力

当学生新的行为习惯还不够巩固,旧的不良行为习惯仍有潜在力量的情况下,让犯错误的学生更换环境、暂时避开某些诱因是有益处的。但回避诱因的办法是比较消极的。根本的办法是使他们增强在各种环境的诱因下都不受影响而坚持正确方向的意志力,巩固新的行为习惯。为了达到这个目的,应该在形成新动机与新的行为习惯的基础上,通过一定的考验方式,使学生得到锻炼的机会。如让犯过纪律和有偷摸错误但有悔改之意的学生去担任纪律检查员或财物保管员等。值得注意的是,这种考验应在估计不会出问题的情况下进行,而且要适当地引导和监督,争取成功。

(四)区别对待学生的不良品德

由于年龄、个性以及所犯错误的性质与严重程度不同,表现的方式不同,应该采取多样而灵活的教育措施,才能收到良好的效果。在多数情况下,要把个别教育与集体教育结合起来。无论对哪类学生的教育,都应注意启发自觉,激发他们感情上与教育者的共鸣,使学生自己下决心痛改前非,才能真正产生良好的教育效果。

(五)抓住品德转化时机

学生不良品德的转变,是旧质不断更新,新质逐步积累的过程。这一转变过程一般是经历醒悟、转变、反复、稳定几个阶段。

1. 醒悟

醒悟是指品德不良的学生在教育或环境的影响下,意识到继续坚持错误的危害性,开始产生改正错误的愿望或念头。

2. 转变

转变是指品德不良的学生在醒悟的前提下,行动上开始有了改邪归正的表现。

3. 反复

反复是指品德不良的学生有了转变以后,对不良行为的改正不稳固并又重犯道德错误的现象。

4. 稳定

稳定是指学生的行为不再出现反复的阶段。

教育者应该根据各个阶段的具体情况,抓住教育的最佳时机,及时采取恰当合理的决定,促进品德不良的学生向好的方面转化。

六、进行品德心理辅导

(一)选准人生目标理想

一个品德高尚的人,首先应该处理好理想与现实的关系,调整好人生的航向。人生于社会中,要认清社会前进的方向。当个人理想与社会理想一致时,就会如鱼得水、乘风破浪。人可以走在时代的潮头,却不可以逆社会潮流而动。以天下为己任,天下才能让你做舵手。有才无德,其行不远。成功的关键在于选对一条路,找准自己在社会中的位置。

(二)认识自我

在品德发展中,自我意识起着调节的作用。自我意识发展水平较高的人,有较强的自我控制能力,能选择比较恰当的方式来表达自己的目标。大学生受经验、环境所限,往往对自己评价过高,夸大自己的优点,忽视自己的缺点,因而常常会对社会和他人提出过高的要求。但是奉献和索取总是一致的。一个人在社会上成就的大小,往往取决于他是否能选择一个适合自己的位置,正确、客观的自我认识在其中起着举足轻重的作用。

（三）融于集体

一滴水,只有溶于大海才不会干涸。一个人的品德水平是在与人交往、共同实现某一目标的活动中表现出来的。人的存在也是在其从事的活动中体现的。在集体里,自我与他人的联系更为紧密,许多深层次的品质得以表达,为他人了解自己以及自我认识提供了机会。道德观念也是在集体活动中不断得到验证和修正的。

（四）善用评价

自我评价一部分来自对他人所给的评价的筛选,一部分来自自己多年成败经验的总结。但大学生在小学、初中、高中一直是个成功者。但是走进大学校园,人才济济、高手如云顿觉优势尽失。同时,分数已不再是衡量一切的标准,自学能力、交往能力、道德品质修养、性格气质都变得很重要。因此,有些人会体验到一种莫名的寂寞与失落,从自傲的波峰跌入自卑的波谷。无论什么时候,人都应该坚信自己。每个人都体验过失败,但真正的失败者只是那些放弃自己的人。多与他人交流对自己的看法,虚心听取他人的建议和意见,总是有百利而无一害的。满招损,谦受益。谦虚,不是盲从,不是迎合,而是换一个角度来看自己,防止陷于过分自傲或自卑的泥潭。在品德发展的路上,人,不可放弃自己,同时,也不要失去朋友。因为,人总是通过人成长的。

（五）加强自我调节

社会是由许许多多的个人构成的。理想的社会中每个人都是充分发展、高度实现的。反过来说,只要每个人都过得充实快乐,那么这个社会就接近理想了。个人的心理失调,一方面给个人带来了困窘和痛苦,另一方面也给人际交往带来了困难和障碍。道德行为依赖于一定程度的自我调节能力。有时,我们不得不为他人的幸福而忍受痛苦,但痛苦不是目的。一个人最终应该为良心而宽慰,为道德而欣喜,为奉献而心安理得。不为得喜,不以失悲。我们帮助别人只是为了净化自己的灵魂,只是因为我们的道德品质修养使然。

（六）充实道德知识

大学生已拥有了一定的道德知识和道德判断标准,他们有自己的头脑和明辨是非的能力,这是德育工作不容忽视的前提。他们的经验还少,看问题的角度也难免有失偏颇,需要更多更新的知识来充实自己,但是却不需要空洞的说教,不需要强硬的灌输。大学生应该掌握大量贴近生活、可操作的道德知识。从爱身边的人到爱人民,从爱班级到爱国家。在生活中掌握道德知识,把知识融于生活,知识才会富有生命力。

（七）学会读书

只有读书,才能使一个人超越时代、超越国度、超越环境而面对各种道德情境,激发出各种道德情感。读书,是大学生贴近生活、贴近社会的一种方式。但大学生读书经常没有计划,完全凭兴趣所至,喜欢什么读什么,流行什么读什么,遇到什么读什么,许多次读书热都是从大学校园里掀起。学会读书,读好书应该是品德修养的重要内容。

（八）投身实践

大学生的道德观念已发展到了较高的层次,但由于缺少实践而没有掌握相应的道德行为方式和道德习惯,使他们的行为与观念间还存在着一定的距离,崇尚民主,却在午休时妨碍了他人休息的自由;坚信人性本善,却对他人的行为作出种种消极的揣测;志在造福社会,却对身边需要帮助的人熟视无睹。那么怎样才能把言行统一起来?教育心理学家提出他们的忠告:走进人群之中,与他们共同劳作、共同悲欢,把你优秀的品质转变成一点一滴的行为,传递给每个人。

七、积极开展心理咨询心理

心理咨询是保持和维护心理健康的重要途径,是学校品德心理维护的经常性工作,具有不可替代的特殊功能。心理咨询早在 20 世纪 30 年代就出现在美国的大学校园里,美国和欧洲发达国家的高校普遍都设有大学生心理咨询机构,在帮助大学生适应校园生活,排解学习与生活上的精神压力,调节人际关系,确定职业发展方向等方面起着重要作用。它们的工作范围比较广泛,已成为学校行政管理的重要组成部分,在某种意义上成为高等教育现代化管理的标志之一。我国港、台地区心理咨询起步早,机构完善,活动内容丰富,已形成富有特色的服务系统,在维护学生心理健康方面发挥着重要作用。如台湾的心理咨询又称为心理辅导,高校学生辅导中心一般有 10 ～ 20 人的编制,服务范围比较广泛,已初步形成自己的体系,在队伍建设、教材建设、测验工具的开发等方面有很多值得我们借鉴的地方。香港的心理咨询机构由受过专业训练的人员组成,一般均需获得硕士以上学位,具有很好的专业素质。我国内地高校心理咨询活动开始于 20 世纪 80 年代中期,目前有了长足发展,并逐渐走向正规化的轨道,已由自发的民间活动向政府行为发展,受到了各类高校领导的重视。大多数高校设置了咨询中心或辅导中心,开展了丰富多彩的服务项目,深受大学生的欢迎。主动前来咨询的学生日益增多,关心自己的品德心理、优化个人心理素质的意识正在增强。

第八章　高校就业管理研究

随着大学生就业体制的逐步深入,高校连续多年扩招,大学生面临着越来越严峻的就业形势,毕业生急剧增多,而用人单位却没有明显增加,供需比例发生了严重的失调。许多大学生出现了焦虑、不安等情绪状况,更有甚者出现了严重的心理问题。大学生只有做好了正确积极的心理准备和掌握了相关的求职技巧,才能在此严峻的就业形势下勇敢地迎接挑战。

第一节　新时代就业形势与趋势

一、大学生就业形势现状

当前,我国大学生的就业形势已经出现了"喜忧参半"的状况。

（一）大学生就业形势中的"喜"

"喜"主要表现在以下几方面。

1. 国家出台了一系列的就业政策来逐步促进和帮助大学生就业

由于近几年国家出台了一系列的就业政策来逐步促进和帮助大学生就业。同时,目前我国近几年实行的是"以市场为导向,政府调控、学校推荐、毕业生与用人单位双向选择、毕业生自主择业"的就业政策,这一开放的政策也给广大高校毕业生增加了更多的公平竞争的机会。可以说,国家的新政策给即将毕业的大学生带来一剂宽心丸。另外,各级地方政府也结合本地实际情况,制定具体政策措施,对促进大学生"充分、及时"就业,起到了积极的推动作用。

2.国家采取多种措施提供就业工作岗位

大学生就业问题得到国家前所未有的重视。为了力促高校毕业生就业,国家为高校毕业生直接提供了许多特设的就业工作岗位。如通过"三支一扶""村官计划""西部计划"教师特岗、事业单位招录、公益岗位的设立、大学生入伍等措施,促进大学生及时就业。

3.国家经济持续增长,带动了对毕业生的需求

发展国民经济是解决毕业生就业的根本途径。据统计,国内生产总值每增加1%,平均可增加80万个就业岗位。近几年,我国经济持续发展,经济增长率年均保持在8%以上,拉动了社会对毕业生的需求。

4.民营企业、三资企业等中小企业的迅速发展,扩大了就业渠道

随着社会主义市场经济的建立,我国经济结构发生了重大变革,出现了以公有制为主,多种经济成分并存的格局。中小企业、民营企业、三资企业、股份企业等非公企业的迅速发展壮大,不但带动了我国社会经济的快速发展,也为高校毕业生提供了众多的就业工作岗位,改变了高校毕业生就业渠道单一的格局,扩大了毕业生就业渠道。

5.高职生已逐步得到社会的认可

随着社会主义市场经济体制的确立和发展,与之相适应的产业结构、人员结构也在不断进行调整,社会对人才需求结构发生了变化。一线技术操作人员已成为企业生产经营的生力军。国家大力发展职业教育,促进了高校的迅速发展,高等职业教育已经占据全国普通高等院校的半壁江山,影响力日益扩大。高职生因为具有"留得住、用得上、动手能力强"的鲜明特点,已逐步为社会及用人单位所认可,近几年,毕业生就业状况逐步改观,令人满意。

(二)大学生就业形势中的"忧"

"忧"是随着高校毕业生人数的不断增加,专业和社会需求的严重不对口,就业形势还是不容乐观的,高校毕业生人数正以一个高速增长的态势激增,待业人数也只增不减,更反映出了在现阶段,毕业生就

业形势严峻已成为一个不争的事实,毕业生将面临更多更大的挑战和竞争。

二、大学生就业形势现状的原因

造成目前大学生就业形势的原因可以从社会角度和毕业生自身的角度两方面来分析。

(一)从社会角度来看

1. 缺乏全国统一的劳动力市场

我国目前尚未建立全国统一、竞争有序的劳动力市场,结果导致一些地区和部门的失业者求职无门,用人者招人无路,严重制约了经济欠发达地区与经济发达地区之间、城乡之间和行业之间的劳动力转移和流动。

2. 市场体制尚不健全

目前,我国对毕业生的包分配取消了,但毕业生就业市场尚未建立或很不健全,加上学校的招生、专业设置、教学内容、培养模式等因素基本上仍然按计划体制的模式运作,以致毕业生就业时供需失衡,专业结构失衡。

3. 其他劳动力类型抢占就业市场

劳动力供大于求压力逐年加大,城镇新成长劳动力,下岗人员,城镇登记失业人员,按政策需在城镇安排就业的农村劳动力和退役军,大量初、高中毕业生都将占据每年就业人数的大部分,从而进一步缩小了高校毕业生的就业市场。

4. 供需不平衡

高校专业设置与社会需求错位,绝大多数毕业生专业不能与社会需求专业相吻合。大学生就业与产业结构的调整以及地区经济发展周期有较大的关联,社会需求起伏较大,而我国四年一个周期的高校专业设置决定着专业人才的产出量。

5. 个别地区的一些政策对高校毕业生就业有一定影响

北京、上海等地出台了相关政策,仍实行严格的户籍准入制度,提高了就业的"门槛"。

(二)从毕业生自身角度来看

1. 就业观念滞后

目前大学生就业理念受社会各种价值取向的影响,普遍存在四大误区。

第一,"宁愿出国带光环,不在国内做职员"。

第二,"宁到外企做职员,不到中小企业做骨干"。

第三,"创业不如就业"。

第四,"就业难不如再考研"。

2. 准备不足,职业生涯模糊

许多毕业生在择业前没有做充分的就业准备,盲目的就业常会导致就业失败。有很多学生有就业恐慌表现。

3. 缺乏求职技巧

部分大学生缺乏基本的求职技巧,没有对面试的基本礼仪、材料及简历的制作有针对性的准备,使毕业生失去基础的竞争力。简历普遍内容冗长,无关联信息较多,套用时下流行的词汇,这些都会直接影响就业。

4. 缺乏工作经验

我国大学生在求职中遇到的最大困难是"缺乏工作经验",缺的是良好心理素质、礼仪和法律观念以及实际的工作能力,如何在教学过程中提高学生的实际工作操作能力已成为各高校各项工作中的重中之重。

当然,还有一些其他原因同样造成了当今高校毕业生就业形势严峻,例如,某些专业人才过剩、毕业生的频繁跳槽等,因此,我们应该看到,就业形势依然不容忽视,我们应该从各个方面努力缓和毕业生就业难的问题,尤其是加强对毕业生们的指导,使其树立正确的就业观,合理准确的定位,顺利实现就业。

三、大学生未来就业趋势

未来几年,高校毕业生就业趋势主要体现在以下几个方面(图8-1)。

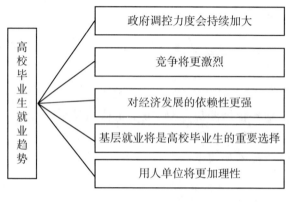

图 8-1 高校毕业生就业趋势

图中文字:

高校毕业生就业趋势

- 政府调控力度会持续加大
- 竞争将更激烈
- 对经济发展的依赖性更强
- 基层就业将是高校毕业生的重要选择
- 用人单位将更加理性

(一)政府调控力度会持续加大

在毕业生数量逐年增加的情况下,毕业生就业难的状况将会逐年加剧,因此,政府宏观调控仍然是影响和拉动高校毕业生需求增长的重要因素。国家和各级政府将继续加大领导和统筹调控力度,推进政策创新和体制创新,提供更多的就业岗位,并将为高校毕业生就业、创业提供良好的政策环境。

(二)竞争将更激烈

各地区和学校之间在毕业生就业领域中的竞争将更激烈,毕业生流动将呈现出进一步活跃的态势,学历因素、专业和学校因素对个人就业的影响也将日益增强,到非国有单位就业、灵活就业、自主创业将成为高校毕业生就业的主渠道之一。

(三)对经济发展的依赖性更强

加入WTO后,我国经济结构的调整将成为影响毕业生就业市场的关键因素。今后,高校毕业生就业形势对我国经济发展形势的依赖性将进一步增强。

（四）基层就业将是高校毕业生的重要选择

随着发达地区就业岗位的饱和,今后,前往基层就业将会是高校毕业生的重要选择。各地制定了进一步贯彻落实鼓励高校毕业生面向基层、志愿服务西部的各项措施,将吸收大量毕业生到基层建功立业。同时,国家正在从宏观上加快深化科教文卫、公共管理、现代服务体制改革,打破垄断、开放准入,为长期解决高校毕业生就业问题奠定了基础。

（五）用人单位将更加理性

目前,我国的用人机制正在回归理性,用人单位已从盲目地追求高学历人才到开始注重高技术、高技能型人才的引进,这将为高校毕业生提供更多的就业岗位。

第二节　大学生就业选择中的困惑

一、大学生就业选择中容易出现的问题

（一）过度孤傲

孤傲心理是缺乏客观自我分析与自我评价的表现。性格孤傲的人对于自己的评价往往过高,总是与现实有着不小的差距。在就业中他们总是眼高手低,不愿意做基础的工作,一旦受挫就沉浸在幻想中,以此逃避现实生活。

有的大学生之所以产生孤傲的心理,是因为他们确实在很多方面都有着过人的优势。比如毕业于名牌大学,平时学习成绩很不错,在一些比赛中获得过傲人的名次,等等。可是,一旦我们离开大学,进入社会后,一切都将重新洗牌、重新开始。过往那些优势固然能成为你的敲门砖,但一味固守以往的荣誉,不愿意脚踏实地地面对现实生活,就会一而再、再而三地受挫。有句老话说得好,人必须有傲骨,但不可有傲气,人必须有自信,但不可盲目自信。大学生不应把自己的胃口吊得过高,

瞧不上这家公司,瞧不上那个职位,东挑西拣,最后只会白白延误就业的好时机。唯有一步一个脚印,才能走向美好的未来。

(二)过于急躁

很多大学生做事情都过于急躁,这也为后面的就业埋下了很多隐患。比如,有的大学生刚刚和一家企业接触,他明明对这家企业的了解不够多,对这家企业所提供的岗位职责和技能要求都不太清楚,可一旦对方抛来橄榄枝就急切地和对方签约,等到发现自己的判断有误时,虽然后悔莫及却也无济于事。在进行职业选择时,最忌讳的就是急躁心理,这是一种不良心境,只会干扰我们的判断。而性格过于急躁的大学生一般自控力较差,很难抵抗住来自方方面面的诱惑。记住,过于急躁只会导致事倍功半,甚至事与愿违,唯有沉着应对,才能立于不败之地。

(三)盲从攀比

就业工作中,由于每个人社会关系、生活的环境、家庭背景,性格、能力、爱好以及碰到的机遇等不尽相同,因此,在择业目标、职业选择上不具有可比性。但是,大学生作为青年人虚荣心较强,所以也容易出现攀比心理。在求职择业过程中,他们往往会忽视自身的特点,对自我缺乏客观正确的分析,不从自身实际出发,不考虑所选单位是否适合自己,而是盲目攀比。一些学生还在求职过程中讲"级别",觉得在校期间自己成绩比别人好,荣誉比别人多,或者"官职"比别人大,理所当然工作也应比别人好,在种种攀比心理的驱使下,待遇不好的不去,工作地域不好的不去,结果耽误了最佳的求职时间,使自己错过了许多择业的机会。

(四)事事依赖心理

有的大学生在就业过程中缺乏主动参与意识,独立性不强,想着能够攀着哪个亲戚朋友的关系,或依靠家长代替自己去奔波。现代社会关系网络复杂,许多毕业生在临近毕业时把就业的希望寄托在家长、学校以及亲朋好友的身上,把家庭和学校当成避风港,极少主动接触和了解社会,缺乏独立意识,依赖心理严重。随着就业压力越来越大,临近毕业,父母亲友齐上阵,托关系,走后门,挖空心思找"门路"。还有一些毕业生靠讨好老师,请领导吃饭,等待学校安排。这些大学生缺乏择业主动性、积极性和竞争意识,在"双向选择"过程中不能向用人单位展示自己、推销自己,因此往往更容易择业失败。

（五）过分追求享受

过分追求享受的求职心理在大学毕业生身上常常可以看到。一方面求职或择业的动机既有为国家、为社会、为人民做出贡献的强烈愿望,另一方面也有获取高收入、高地位的渴求。此外,有的毕业生认为自己接受了大学教育,理所应当比没上过大学的同龄人有更好的工作,于是在选择工作时对用人单位横挑鼻子竖挑眼,或是对收入不满,或是认为干这一行太屈才,最终贻误战机,只好将就凑合。大学生求职过程中的这种孤傲心理正是大学生不成熟的表现,一味地的孤芳自赏、自以为是,结果只能在就业竞争中四处碰壁,无法实现自己的理想和人生目标。

（六）怯懦

有些大学生在择业求职过程中过于怯懦,他们害怕稍微正式的场合,害怕与人交流、接触,甚至是正常的面试都不敢去应对。比如,曾有一位大学毕业生在一走进就业市场就心里发怵,参加面试前她会无数次地在心里给自己打气,而真正面对面试官的时候,她紧张得双腿发抖、嘴唇苍白,连一句最简单的自我介绍也说不出口。面对面试官的提问,她磕磕巴巴地回答着,生怕自己误解了对方的意思,或者说出了错误的答案。这样的人心理承受能力很差,性格脆弱、敏感,过于在意自己在他人眼中的看法。具有怯懦心理的大学生在能力上未必比别人差,他们发自身心地渴望公平、盼望竞争,但这种不良心理却限制住了他们的发挥,也阻碍了他们的发展。他们往往败于求职的第一个环节——"自我推销"环节,面对他人的提问,他们急得面红耳赤,却回答不出对方满意的答案,反而给对方留下不佳印象。

（七）趋"热"、求"大"

很多大学生在求职择业的过程中,不仅有着求"名"心理,还有着趋"热"、求"大"的心理。比如,如今考公务员和事业单位是很多大学生毕业后的首要选择,因为公务员和事业单位的职工是大家眼里公认的"铁饭碗",稳定、清闲、福利高,在家人的鼓励下,大学生们争相报考公务员。而公务员和事业单位的录取名额有限，又有很多大学生退而求其次，选择竞聘大企业的热门职位或进入当下最流行的行业，比如，有的大学生羡慕网络主播们的高工资，毕业后选择进入直播行业。有的大学生毕业后又重新学起了编程，就是为之后应聘"大厂"程序员做准备。这种情况下，一些冷门职业尽管急需大批人才，却无人问津。实际上，大学生在求职择业时，一定要根据自己的现实情况去做选择，只有这样，才能避免很多弯路。

（八）过于求稳求全

很多大学生害怕颠簸动荡的就业生涯，于是，他们在择业的时候希望能够一步到位。其实，生活中很多事情都是"摸着石头过河"，求职择业也是如此。有些大学生在毕业时是迷茫的，为了找到自己的方向，他们选择"先就业，后择业"，先稳定下来，满足自己基本的生活需求，等累积了一定的生存资本和经验后，再去选择适合自己的职业。对于大学生而言，我们不必计较跨出校门的第一个台阶有多高，毕竟对于大部分人而言在刚刚进入社会的那一阶段就找到一份满意的工作是一件很难的事情，千万不要让"铁饭碗"的思想束缚了你的择业范围，不妨"先就业，后择业"，先稳定下来后，再一步步去闯荡，并不时根据现实情况改变策略。

（九）优柔寡断

职业的选择往往也是对机遇的一种把握，错过机遇，你将会与成功失之交臂。当断不断、患得患失，这山望着那山高，这也是导致许多毕业生陷入择业误区的一种心理障碍。

（十）期望一步到位

大学毕业生期望自己的第一份工作能够达到理想状态，这就是希求一步到位的心理。大学生在进行职业选择的时候，由于社会阅历、年龄等限制，对于职业生涯的规律只知其一，不知其二，他们的挑剔缺乏客观依据，具有片面性。有的学生受到传统观念的影响，将第一次就业看得非常重，认为这将决定自己的一生，而没有意识到新的择业观正在进入人的头脑，每个人都有很多次重新选择职业的机会。面对竞争激烈的人才市场，大学毕业生在选择职业时，应把握好每一次应聘机会，客观合理地确定自己的职业发展计划,只有这样才能不断地靠近自己设定的理想目标。

（十一）法律意识淡薄

有位大学毕业生在知名网站上发帖称,自己已经与一家企业签订了就业协议,协议中规定,他一旦毁约就要支付用人单位不菲的赔偿金。然而,在他向用人单位报道之前,另一家企业向他抛来了橄榄枝。后者是当地的知名企业,对于他而言,这家企业能给他带来不错的薪资待遇和更好的发展潜力,他很难抵抗住这份诱惑,于是想要毁约。然而,在这份帖子底下,很多网友劝他不要轻易毁约,这样做只会影响自己和学校的声誉,甚至影响他以后的就业。

这位发帖人的经历反映了一些大学生的心理状态,他们在找工作的时候抱着"骑驴找马"的心理,只要有用人单位向他抛来橄榄枝,他便与其签订就业协议,然后再继续接受其他单位的挑选,只要遇到更好的企业发出邀请,就想要单方面撕毁协议。实际上,就业协议书是具有法律效力的,随意单方私自解除协议而更换单位都是大学生法律意识淡薄的心理表现。

二、大学生就业心理问题的原因分析

大学生就业心理问题的原因主要应该从客观和主观两大方面来进行分析。

（一）客观因素

客观因素主要包括以下几方面（图 8-2）。

1. 社会因素

来自社会各方面的期望和要求对大学生构成无形的心理压力。

第一,社会对大学生的要求越来越高,要求其既要有一定的理论基础知识,又要具备较强的实际操作能力,还要有团结协作、吃苦耐劳的精神等。

第二,很多大学生为了档案户口等问题,不得不提前找工作,处于临近毕业的大学生,最后一年的主要精力往往不是学业而是考虑就业,根本顾不上学习,大家都忙着到处找工作,为今后的饭碗奔波,以致专业知识并不扎实。所有这一切,无形中都给大学生造成了极大的心理压力。

第三,目前的就业市场尚未规范,社会上涌现出一些不正之风。由于机制不健全、信息不灵、供需渠道不畅等缺陷,公平、公正、公开、择优录用的就业新机制尚未完全形成,也严重干扰了就业工作的顺利进行。

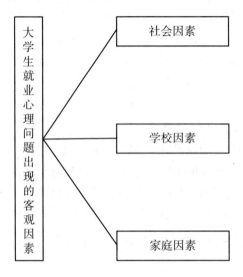

图8-2　大学生就业心理问题出现的客观原因

2. 学校因素

目前,随着高校的不断扩招,大学生的数量急剧增多,这也给大学生的就业带来了一定的困难。另外,很多高校没有从一开始就对大学生进行就业及心理方面的教育,导致一些大学生在大学快毕业时才了解相关知识,有的甚至到毕业了还对这些不是很清楚,这也是导致大学生在就业过程中出现问题的重要原因。

3. 家庭因素

家庭是个体社会化的主要场所,家庭对个人各方面的影响都颇为深刻。家庭中父母的社会地位、社交能力,所持的价值观,对社会各种职业的评价认定以及他们的期望,父母与子女的关系,家庭环境和氛围,家庭教育等都影响着大学生的人生观、价值观、世界观,左右着他们的就业心理。此外,家庭的经济状况、社会关系和住所的地理位置,也会对大学生的择业和就业后的流动产生巨大影响。

（二）主观因素

主观因素又称内部因素，是大学生自身内部的特质构成的。虽然外部客观因素对大学生的择业心理有着很大的影响，但归根结底还是由大学生自我认定。因此，大学生的主观因素是影响其就业心理问题的根本因素。概括来说，主要影响因素包括以下几方面（图 8-3）。

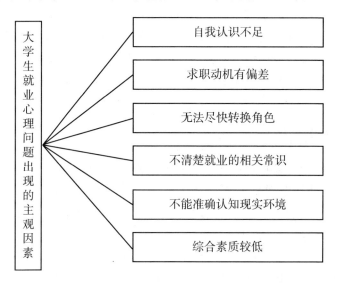

图 8-3　大学生就业心理问题出现的主观因素

1. 自我认识不足

大学毕业生正值青年中期，自我意识和独立思维能力进一步增强，个体心理逐渐走向成熟。但是相当多的大学生缺乏必要的自我认知能力。他们在追求发展自我的过程中，一旦遭到挫折或没有达到自己的预期目标，往往不能正确地评价自己，产生不健康的心理，严重影响高校大学生的心理状态。

2. 求职动机有偏差

面对严峻的就业形势，如何做出正确的抉择，往往使自我认知不准确、缺乏社会经验的大学生们深感困惑，出现焦虑不安的情绪，求职中跟风从众，盲目攀比，遇到一两次失败就怨天尤人、灰心丧气，甚至产生极端情绪,这和求职动机有很大的关系。大学生在由学生向求职者的角色转换过程中,往往不能及时调整,求职动机便偏离企业实际需求,如偏重经济待遇、看重工作的稳定性、一定要选择与自己专业对口的职业、寻求"完美"的职业等,这些动机常常不能得到满足,使得部分高校毕业生产生郁闷、怨天尤人的心理问题。

3. 无法尽快转换角色

大学生往往把学校、家庭、亲友及同学所给予的关心、呵护、尊重当成是社会的最终认可,当面临由一个"天之骄子"的大学生向一个现实的社会求职者转变时,不能摆正自己的位置客观冷静地进入求职状态,就给自己带来了较大的心理影响。其实,从大学生走出校门那天起,其角色就发生了变化,即由学生角色转为职业角色。

4. 不清楚就业的相关常识

很多大学生能够对就业作出相应的准备,但是却缺乏相应的就业常识准备,比如缺乏对就业程序的了解。对就业政策的理解模糊,对具体办理就业手续的程序不清楚,对信息渠道来源不清楚等,是大学生求职初期的较大障碍。有的大学生初次就业表现为手足无措,缺乏自信心,更有甚者,对工作失去了应有的热情与上进心,都是对具体的就业程序不了解的体现。目前,大多数学校都开设了"就业指导课",并成立了院系两级的就业指导机构,对有关毕业生就业工作的政策进行全面、广泛的宣传。然而有相当一部分学生不重视就业指导课,以为那些都是"纸上谈兵",因此对就业政策一知半解。而在就业过程中,因为缺乏就业程序的相关知识,有的同学感到迷茫和彷徨,不知所措,如果导致就业受挫,容易产生抑郁或自卑等心理问题。所以,详细了解就业的程序既利于保持健康的心理状态,也能提高应聘的成功率。

5. 不能准确认知现实环境

现实环境对于大学生就业有着很大的影响,因此对现实环境的认知准确与否,是大学生就业成功的关键之一。有些专业的学生思想不切实际,讲究金钱第一、环境条件第一,结果出现了"高不成,低不就"的状况,从而错过许多良好的就业机会;有些学生不了解自己将从事的职业前景如何或者当代职业热点是什么,对于到底是适合管理岗位还是技术岗位没有准确的定位,等等。这些因素会使学生在选择职业时变得踟蹰不前,举棋不定。

大学生中普遍存在着对自我与现实认识的偏差,表现出没有明确的求职方向、基本功差、眼高手低、好高骛远、盲目攀比、不肯吃苦、害怕受挫等心理现象。从近几年招聘单位反馈的信息来看,那些没有扎实的专业知识和较强的学习能力、缺乏奉献精神和吃苦耐劳的品德、个人利益至上、只想管人不想被人管的大学毕业生,最终是会被淘汰的。

因此,大学毕业生不但要学好专业技能知识,还要提升自身综合素质,深入了解自身优劣势,明确自己的就业需要和兴趣点,有针对性地进行准备才能找到满意的工作。

6.综合素质较低

在当代社会,很多用人单位都比较看重综合能力较强的大学生人才,然而很多大学生在入学之初没有对自己的职业进行很好的规划,以致在整个大学阶段没有明确的学习目标。而大学阶段学习目标不明确,会使得大学生的学习态度不认真,对于自己的学习完全处在应付的状态,最终导致专业基础差,职业技能低,出去找工作自然没有底气。这是多数大学生共同面临的问题。

第三节　管理和指导学生就业的实践策略

一、做好就业心理的准备

(一)树立正确的就业观念

1.树立主动就业的观念

当代大学生要理性地看待目前严峻的就业形势,要认识到机遇往往是与挑战并存的。在面对新的机遇和挑战时,我们应积极把握,理性选择,走最适合自己发展的道路。因此,广大毕业生应调整好自己的心态,全面冷静地分析自己和社会,不断地充实自己,提升能力,适应社会需求;积极参加招聘活动,认真把握每次就业机会,主动就业,才能充分就业。

2. 树立"先就业、后择业"的观念

先就业、后择业不仅能够缓解大学生就业压力,而且能够让大学生毕业有去处、生活有来源、发展有机会,为大学生立足社会和寻求发展奠定了经济基础。先就业可以让大学生在工作实践中增加才干,提高能力,再次择业时将处于更有利的地位。

3. 树立面向基层就业的观念

基层就业就是到城乡基层工作。国家出台了一系列优惠政策,鼓励高校毕业生积极参加社会主义新农村建设、城市社区建设和应征入伍。近年来,"大学生志愿服务西部计划""三支一扶计划""选聘高校毕业生到村任职工作""农业技术推广服务特设岗位计划"纷纷出台,促进了大学生调整就业期望、转变就业观念,促使更多大学生到基层去寻求更广阔的发展空间和机会,已经为社会、学校、大学生及其家长所接受,基层就业成为越来越多毕业生的选择。

4. 树立自主创业的观念

就业是民生之本,创业是就业之源。党和国家通过了一系列政策,引导与支持大学生自主创业,高等学校也重视对学生创业教育实效的培养,使当代大学生创业意识和创业精神得到了提高,创业的热情和动力在不断迸发,涌现出不少成功创业的典型,有效减轻了社会的就业压力。

(二)正确认识自我

1. 正确认识自我的概念

自我的概念主要包括现实自我、投射自我和理想自我三个方面的内容(图8-4)。

(1)现实自我

现实自我又称个人自我,是个体从自己的立场出发对自我目前实际状况的看法与认识,包括对自己的躯体、行为、人格、角色特点的认识。

(2)投射自我

投射自我也称"镜中自我",是个人想象中他人对自己的看法与评价。现实自我与投射自我间常有距离。当距离加大时,个体会感到他人不理解自己。

（3）理想自我

理想自我是个体从自己立场出发建构的将来要达到的理性标准,也是个人行为的动力和参考系数。大学毕业生在寻找工作的过程中,会受到理想自我的影响。

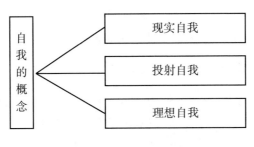

图 8-4　自我的概念

2. 正确认识自我的特征

自我的特征,具体来说有以下几个（表 8-1）。

表 8-1　自我的特征

自我的特征	具体内容
能动性	自我的能动性表现在个体在自我认识的同时,还能调控个体的行为与心理,按照自我定义不断完善自己
社会性	自我的社会性表现在自我要受到社会的制约。个体自我需要的实现只能在一定的社会经济结构中才有可能,任何人都不能脱离社会而单独存在
自觉性	自我的自觉性体现在个体对自己及自己与周围的关系有清醒的认识上,能使心理活动处于自觉的状态中

（三）树立自信心

自信是成功的源泉,只有自信,才有可能将潜在的实力发挥出来。大学生要想树立起自信心,可以从以下几个方面着手。

第一,要提高自己的能力水平,积蓄自信的资本,这是树立自信的最根本途径。对于大学生来说,只有搞好学业,发展特长,全面提高自己的综合素质,面对招聘者才可能信心十足。

第二,要多想想自己的优点、优势和特长,要相信自己的能力。认识到别人也不一定什么都好,自己也不是事事不如人。了解了这一点也就不会有畏惧感了。

(四)培养竞争意识

随着改革开放的进一步深化和社会主义市场经济体制的逐步确立,竞争机制已广泛地运用到许多领域,竞争意识也就成为衡量现代人能否适应这一变化的一种标志。处于这种形势下的大学生,要适应社会并对社会做出较大贡献,就必须树立强烈的竞争意识,要有将来投入社会主义市场经济主战场而参与竞争的心理准备。

1.培养竞争意识是提高人才基本素质的需要

当今世界是政治、经济、科技竞争日趋激烈的世界,而最终归结到科技的竞争。科技人才作为科学技术的载体,其素质的高低将直接关系到科技的进步、经济的发展和民族的振兴。在人才素质所要求的思想素质中,面对社会主义市场经济体制的逐步确立和完善,竞争意识显得更为重要,只有在思想上培养出强烈的竞争意识,才能在当今的市场经济主战场上掌握主动权,努力抓住一切机遇学好专业技能,拓宽知识领域,挖掘自身潜力,提高竞争能力,迎接来自市场竞争中的各种挑战。而我国的人才,无论从社会传统上还是从自身的心理上来说,长期以来已形成了"两耳不闻天下事,一心只读圣贤书"的习惯,认为只要掌握科技知识,默默无闻地去工作、研究、与世无争就行了。殊不知时代的发展要求知识分子投身到市场经济的大潮中去搏击,一定要有竞争意识。大学生是高层次专门人才的最主要的后备军,其竞争意识的强弱直接影响到人才素质的高低。而人才素质提高了,市场机制转换的成功面就大。因此,要想成为符合社会主义市场经济条件下的适应性强的合格人才,必须有很强的竞争意识。

2.培养竞争意识是社会主义市场经济发展的需要

社会主义市场经济体制的建立是突破了人们多年来对计划与市场的属性问题的传统观念,使得市场作为一种经济手段愈来愈引起人们的重视。而市场经济强调了市场调节,通过转换机制,深化改革,使商品进入市场,努力发展金融、技术、劳务、信息、房地产等市场,以建立完备的市场体系。而在整个市场运行中,无不体现出竞争性。商品、原材料、技术人才等在市场中流通的过程就是一个公平竞争的过程。我国市场经济建设的最高价值取向是为了社会的文明、进步和人类的全面发展，其本质职能是调动人的积极性、主动性，培养人们的自信心和竞争意识，督促人们求真、求善、求美。总之，社会主义市场经济体制下，与过去任何一个时期相比，市场的概念从未如此鲜明，作为市场重要特征的竞争性也就首先被突出地表现出来。可以这样说，在市场经济条件下，无处不体现着竞争，如果没有较强的竞争意识，就会像坏的商品一样被淘汰。要适应社会主义市场经济，必须培养竞争意识，大学生作为社会主义市场经济未来的建设者和接班人，有没有竞争意识则关系到个人理想能否实现，关系到我国经济体制改革的目标能否实现，关系到中华民族的前途和命运。

3. 培养竞争意识是大学生自身成长的需要

随着人才市场的发育，绝大多数毕业生将进入人才市场择业。人才市场的良性运转，为大学毕业生提供了一个公平均等的竞争机会。在人才市场进行选择时，有些毕业生因缺乏竞争意识，一听说面试，就纷纷偃旗息鼓，这是自信心不强、怯懦的表现。"一份好职业，一个良好的成才环境也是靠强烈的竞争差异获取的。虽然在大学生分配中，我们无法排除一些客观因素的干扰，但是，我们也越来越明显地体会到：在择业竞争中，门路关系、性别差异并不重要了，用人单位更重要的是看重有内在实力的大学生。在"双向选择"过程中，专业技术上乘、知识结构全面并具备较强适应能力的"一专多能"的优秀大学生备受用人单位的青睐，也就是说这类大学生有很强的竞争能力。因此，要想在择业时选择到顺心的工作，就要掌握更多的知识和才能，努力提高自己的择业竞争能力。在上学期间，大学生就应该以较强的择业竞争意识来指导自己的学习、工作、生活。在努力学好专业知识、掌握专业技术的同时，广泛地学习应用类学科，如外语、计算机、商务、管理等，并积极参加学校的社会活动，把自己培养成为具备多方面素质和较强适应能力、竞争能力的大学生，以百倍的信心迎接用人单位的挑选。

综上所述，竞争意识的培养是大学生择业指导的重要组成部分，并关系着社会主义市场经济条件下人才素质的高低。大学生只有具有较强的竞争意识，才能更好地把握住大学的学习机会，努力锻炼自己，以便以后顺利通过选择，找到理想工作。

二、掌握就业的相关技巧

（一）掌握笔试的技巧

1.笔试的概念

笔试主要是指用人单位以书面形式,考查求职者是否具备招聘岗位所需知识和技能,是用人单位对求职者专业基础知识、文字表达及书写等综合能力进行有据可查的测试。

图 8-5　笔试

2.笔试前的准备

（1）笔试前的身心准备

第一,笔试的前一天要注意休息,避免考试时精神不振,影响正常思维。

第二,要适当减轻思想负担,不可给自己施加过大的压力,否则适得其反。

第三,适当参加文体活动,从而使大脑得以放松,以充沛的精力去参加考试。

（2）笔试前的知识准备

①提纲挈领，系统掌握

在着手应聘复习时，应首先打破各学科的界限，认真梳理各科要点，整理成一个条理化、具体化的知识系统和总纲目，最后按照这个总纲目有计划、有步骤地进行复习。

②学以致用，理论联系实际

现在的求职考试越来越强调用学过的知识来解决实际问题，通过各种实践，把所学得的知识运用到实际工作中去解决各种具体的问题。

③正确理解，提高语言转换能力

应聘笔试中一个极其重要的考试，是将你阅读理解了的东西用自己的话把它们表达出来，这在阅读考题中叫"语言的转化"。这种转化有三种形式。

第一，把题中比较抽象、概括的话做出具体的解释。

第二，把考题中的具体阐述恰当地加以概括。

第三，把考题中比较含蓄的语言加以明了和正确的阐述。

④多读多练，提高阅读能力

复习时经常做些阅读训练，有助于阅读能力的提高，要做到"眼到"和"心到"，特别是心到，即对每个问题都仔细揣摩，认真思考，分析比较，多问几个为什么，这样才不至于白练。

⑤敏锐思考，提高快速答题能力

为了适应招聘考试中的题量，还应该尽快培养自己快速阅读、快速思维和快速答题的能力。在准备笔试的时候一定要提高答题速度。

3. 笔试时的相关技巧

（1）在拿到试卷之后首先要看一下试卷是否完整，是否存在缺页的现象，千万不要等到试卷答了一半之后才发现试卷有问题。

（2）拿到试卷之后还要从头到尾大致看一下题目的难易程度，在有一个大致的了解之后可以分先后进行答题。

（3）答题之前一定要看清题目的要求，千万不可因马虎而导致答非所问。

（4）在考试过程中一定要有信心，要镇定自若，会的要认真做，即使不会，要先放一放，先静下心来将会做的全部做完，然后留有充足的时间去考虑比较难的题目。

（5）在做题时要认认真真地去做每一道题，做完之后再认真检查一遍，千万不要在做完之后不去检查而是去评估自己的分数，这样一点意义也没有，就是浪费时间。

（6）对于填空题，应聘者要正确作答，必须准确地记忆答案内容。在解答前要认真审清试题，搞清题意，先明确空白处应填写的内容与试题叙述的内容之间的关系，才可填写答案。

（7）对于选择题，笔试时有以下几种技巧。

第一，可以采用排除法，选择最适合的选项。

第二，可以采用印象认定法。根据印象的深刻来选择答案，此法命中率较高。

第三，可以采用大胆猜测法，以上方法都不行时，为了节省时间，可以通过猜测来回答，此方法也有一定的命中率。

（8）对于判断题，笔试时有以下几种技巧。

第一，应注意根据题目内容判断所作的结论是否明确，表述是否清晰。

第二，分辨表现形式，确定解答思路。

第三，辨析设错方式。解题关键在于能否正确地找出或辨析设错方式，设错方式很多，有事实错、前提错、逻辑错、隶属关系错以及概念使用错、词语表达错等。

（二）掌握面试的技巧

1.面试的概念

面试是指为了更深入了解应聘者的情况，判断应聘者是否符合工作需要而进行招聘人员与应聘者之间的面对面的接触。面试是招聘者对应聘者的口头测试过程。面试已成为用人单位选拔人才的必要手段。

2.面试前的准备

（1）认识自己

通过跟家人和熟悉自己的老师、亲友倾谈，征询他们的意见，促进自我了解，从而做好自我介绍。

（2）了解对方

为了使面试取得预期满意的效果，求职者首先要对用人单位的工作性质、业务范围以及发展态势等做充分了解，尤其是对用人单位招聘的工作岗位是否适合自己要做到心中有数。

图 8-6　面试

（3）面试资料准备

第一，要带记录本和笔，以备急需。

第二，要准备一个大小合适的公文包或书包。

第三，要把简历、各种证书、奖状、证明材料、推荐表和成绩单等的原件、复印件、照片准备好，按顺序排好、装订，整齐有序地放在书包或文件夹中。

（4）面试心理准备

①端正求职心态

尽管机会均等，但实际上机会是偏爱具有竞争心理、有表现意识的人的。应试者要走出心理误区。毕业于名牌大学、热门专业、有才气、有能力的应试者往往会因此而过于自负，缺乏对面试的重视和对招聘考官应有的尊重，甚至还把自身的优势和资本当作与对方讨价还价的筹码，这样的应聘者，即使再怎么优秀也不会赢得考官的高分。

②树立求职面试的自信心

从学校生活到参加工作，这是人生的又一转折点。所以大学生在参加面试时要克服畏惧心理，增强自信心。要看到自己的长处和优势，消除自卑感，以挑战者的姿态去迎接求职面试。

③思想上充分重视

对于大学生来说，参加面试，尤其是第一次参加面试，其经验至关重要,一定要在思想上重视起来,不要抱着试一试、结果无所谓的态度。

④增强面对挫折的心理承受能力

对大多数同学来说,求职不可能一帆风顺、一次成功,会遇到各种意想不到的挫折。因此,一定要有面对挫折的心理准备。要冷静地分析失利的原因,多从自身查找原因,增强面对挫折的心理承受能力,及时总结教训,适当调整求职目标,以迎接新的挑战。

3. 面试时的相关技巧

（1）耐心等待

在到达面试地点后要保持安静,耐心等待,千万不可因等候时间长而急躁失礼。

（2）遵守时间

在面试时要遵守约定的时间,最好是在约定时间前十分钟到达面试地点,如果因为一些原因而迟到,一定要向用人单位说明原因,并且致歉。

（3）进入办公室的礼貌

第一,进入面试室先轻轻敲门,等到室内传来"请进"声后才能进入。

第二,进入面试室,与主考官打招呼、接应握手。

第三,等对方说"请坐"之后,自己才能就座,并应说声"谢谢"。

第四,面试结束时,微笑起立、道谢、告别。

（4）集中注意力

回答主试者的问题时,最好把目光集中在主试者的两眉之间,且眼神自然,以传达对别人的诚意和尊重。

（5）坐姿要端正

脚踏在本人的座位下,不可任意伸直腿、跷二郎腿,更不能不停地抖动。坐姿要笔直端正,切忌小动作。

（6）注意聆听

主考官讲话必须留心听讲,对于一些听得不太明白的地方可以请面试官稍作解释,这样也可以给自己留出充足的思考时间。

（7）心态平和

面试过程中,应试者应保持平和的心态,避免一切较为激动的感情流露。

（8）适时发言

发言时语速不要太快,可以边说边想,给对方一种稳重可靠的感觉,面试回答问题,切忌只回答"是"或"不是",一定要把自己的答话略作解释。

（三）掌握礼仪技巧

礼仪是对礼节、仪式的统称,是指在人际交往中,自始至终地以一定的、约定俗成的程序、方式来表现的律己、敬人的完整行为,礼仪是一种形式美。

1. 着装礼仪

（1）男生的着装礼仪

具体来说,男生求职时的着装礼仪主要包括以下几方面。

①西装

西装依照开扣方式可以分为单排扣西装和双排扣西装。对于双排扣西装,站立或行走时要把扣子都扣好,坐下时可以解开扣子,但起身时必须尽快把扣子扣好。对于单排扣西装,如果是三粒扣款式,可以扣上一粒或中、上两粒扣子,不能扣下一粒扣子。穿单排两粒扣西服时,只能扣上一粒扣子。

另外,正式场合的西服颜色以深色为主,同时考虑穿着者的体型。正式西装中,长裤与上衣应是同样花色及材质,而半正式西装可以搭配不同的长裤,但颜色和材质最好还是与上衣色系相近或略深一些。

②衬衫

穿西装时,里面应当穿长袖衬衫。衬衫的颜色和花色要与西装搭配。穿深色西装时,里面宜选浅色衬衫,色系与上衣相近。

③领带

男生在正式场合穿西服必须打领带。穿着深色西装时,衬衫以浅色为主,而领带则以与西装同色系为佳。具体如何选择,要考虑场合和自己的特点。

④鞋子

一般来说,西服最好配搭黑色皮鞋,或者配搭与西服颜色一致的皮鞋。皮鞋的鞋面及边缘要保持干净,最好是光亮可鉴的。

⑤袜子

袜子要以深色为主,应与裤子、皮鞋同类颜色或较深颜色。袜子不可有破洞,同时要清洁,袜头要松紧适宜,长度不宜太短。

⑥毛发

求职者应坚持"前发不覆额、侧发不掩耳、后发不触领"的原则,去应聘时要保持头发整洁,精心梳理。另外,个别男同学的胡子、鼻毛、耳毛等都很浓重,所以要记得每天清理。

（2）女生求职时的着装礼仪

①服饰

女大学生在求职面试时要选择得体大方的服饰,要注意以下几方面。

第一,女生在正式场合可以着裙装、女士西装或者旗袍,裙子的下摆不要高过膝盖。

第二,不穿领口太低和过紧的衣裙,也不要选择过于薄透的面料。穿着裙装的时候,一般要穿袜子。

第三,选择适合自己皮肤色调的服装,穿出自己的风格和特点,突出个人的气质及魅力。

第四,搭配饰品要讲求少而精,才能真正起到画龙点睛之妙。

第五,应选择中高跟皮鞋,会显得步履坚定从容,让人感到职业女性干练而稳重的气质。

第六,要选择纯毛、纯棉、纯麻、丝质等天然布料和高比例含毛、棉、麻的混纺面料,尽量避免使用纯化纤面料。

②妆容

妆容的总体原则是淡雅、自然,越接近自然越好,切忌浓妆艳抹。具体来说应做到以下几方面。

第一,粉底宜尽量少用。薄而透明的粉底可以营造出健康的肤色,在打粉底时也不要忘了脖颈处。

第二,腮红务求自然。腮红以能够与肤色搭配融合为原则,目的是呈现出健康红润的面容。

第三,用睫毛膏让眼睛更加有神,施眼影强化面部的立体感。

第四,用棕色眉笔调整眉形,描眉应在修眉的基础上进行,描出的眉形应符合自己的年龄、脸形。

第五,唇部的妆容应改变不理想的唇形,增加整个面部的神采,浅色口红可以增加自然美感。

第六,选用气味淡雅清新的植物型香水,喷洒在手腕、耳后、臂肘、腿弯处,避免体味。

③手臂

第一,注意保持手臂的洁净,注意经常清洗手臂,要真正做到无泥垢、无污痕。

第二,手臂的装饰应注意本着朴素、庄重的原则,不应以艳丽、怪诞取胜。

第三,对指甲应做到"三天一修剪、每天一检查",尽量不要在指甲上涂抹彩色指甲油,或做美甲,可以使用无色指甲油。

④毛发

发型发饰要符合美观、大方、干净、梳得整齐和有利于工作的原则,同时要与脸型、身材、年龄、气质、季节及环境等因素结合起来。另外,女同学应该每周定期剃除腋毛,尤其是夏天着装较少的时候,避免因其使个人形象减分。

2. 行为礼仪

(1)准时赴约

面试前要对面试的时间、地点了然于胸,并比约定的时间提前到达,这样做有两方面的好处。

第一,表示你的诚意和对对方的尊重。

第二,提前到场可以稳定情绪,稍做准备。

(2)讲究秩序

无论在面试现场的门内还是门外,都不能争先恐后,那会显得慌乱、霸道、缺乏教养,也容易给旁边的便装观察者留下不好的印象。

(3)尊重接待人员

对每一位招聘者,不论是领导还是一般员工,也不论是地位高的老员工,还是地位低的年轻员工,都应做到端庄而不冷漠,谦逊而不造作。

(4)适时告辞

面试结束时要表示感谢并有礼貌地告辞。假如面试官当场表态可以接收你,要向对方表示感谢,并表达自己努力工作的决心;如果面试官没有表态接收你或表示不能接受,也不要失态,要表示理解对方,以显示大度。

（5）离座

在离座时，求职者动作要缓慢，避免带下椅垫、带倒座椅等；起身站定后方可离去；最好从左侧离开，"左出"也是一种礼节。

（6）文雅出门

面试结束，同样要和大家行注目礼，可表示"谢谢你们给了我机会"，然后说"再见"，起身离去。关门动作同样要轻。万一被风吹或者失手关重了，切记及时回头解释，避免别人认为你心怀不满、修养欠佳。

（四）防范就业陷阱

就业陷阱是指求职者将要从事的工作内容，并不是招聘者在书面上或原先口头承诺的内容要件，或借工作机会的诱因及其他诱人条件，用骗术使求职者付出不属于原定劳动契约内容的额外财务支付，或违背其个人意愿而从事违背善良风俗的行为等一系列用人单位以招聘、就业为名义进行非法牟利的活动。

1. 大学生常见的就业陷阱

由于毕业生求职心切，缺乏社会经验和就业防范意识，很容易掉入就业陷阱，既损失金钱，又浪费时间和精力，影响就业。概括来说，大学生在求职过程中容易遇到的陷阱主要有以下几种。

（1）收费陷阱

一些不法单位为了谋取不义之财，获取不当利益，利用毕业生求职心切的心理，向毕业生收取各类不合理的费用，如伙食费、体检费、培训费、保证金、违约金等。等毕业生工作一段时间后，单位会以外调偏远地区或内调不重要部门等理由让毕业生主动放弃工作岗位，不给员工返还各类费用。

（2）高薪陷阱

对于一个刚毕业的大学生来说，高薪非常有吸引力。一般打着高薪招聘旗号的公司，从收简历、面试到笔试，整套程序看起来非常正规。但是，这种高薪一般固定工资部分很低，高薪主要来自业绩提成。

图 8-7　收费陷阱

图 8-8　高薪陷阱

（3）传销陷阱

当前,一些传销组织利用大学生求职心切的心理,以给大学生安排工作岗位为名,让大学生到外地去实习或面试,之后就会通过各种手段控制大学生的人身自由,强迫其加入传销这个非法组织,给大学生的人身及财产安全等造成了巨大的威胁。

图 8-9　传销陷阱

（4）押金陷阱

一些公司可能规模不大，但开出一些诱人的条件，如在大城市工作，解决户口问题等。一段时间之后，公司又表示因工作岗位调整或者其他原因，导致承诺无法兑现。公司算准了学生不愿意服从，就以学生主动放弃为由，不予退还押金。

（5）网上简历陷阱

网上应聘已经逐渐成为大学生求职的主要形式。网上应聘使得大学生的个人信息很容易被公开，一些不法分子利用学生找工作心切的心理，招摇撞骗。

（6）中介陷阱

市场上的职业中介机构服务质量参差不齐，有的中介市场利用毕业生社会经验少、涉世不深的特点，损害毕业生的就业权益。有的中介机构超范围经营，或不具备合法的经营资格而招摇撞骗；有的中介机构只收费不服务，以公司名义招人，然后再以各种理由辞退就业人员，骗取手续费。

（7）程序员陷阱

一家公司以招聘程序员为名，给应聘的学生出了一些关于程序设计的考题。拿到考题的学生苦心钻研，几天后他们把自己的答案交给公司。大家都以为自己有希望，却一直没有得到公司的答复，就以为是别人的方案比自己的好。直到与其他应聘同学交流之后，才发现所有人都落选了。原来该公司要程序设计是真,是为了省钱,以招聘为名,让学生们免费设计,还可以优中选优,一箭双雕。

图 8-10 中介陷阱

（8）试用期陷阱

试用期是在劳动合同期限内,用人单位和劳动者为互相了解对方而约定的考察期,而部分用人单位却利用毕业生求职心切的心理,为毕业生设下试用期陷阱。这些陷阱主要包括以下几种。

第一,单方面延长试用期,降低人工成本,使用廉价劳动力。

第二,只签订试用期合同,试用期满后以"考核结果不合格"为由不发放工资,解聘毕业生。

第三,试用期间不缴纳保险,损害求职者的就业权益。

（9）关系陷阱

第一,打着同乡、同学甚至亲戚的幌子招聘你去工作,既不签合同,又不办手续,一旦出现问题,就推卸所有责任。

第二,夸大自己的能力,承诺为毕业生找工作,在博得大学生及其家长的信任后,逐渐提出各种要求以骗取钱财,再假称中间环节出现问题故未能兑现承诺。其结果往往是毕业生及家长钱花了不少,却不见工作的踪影。

（10）合同陷阱

合同陷阱主要包括以下几种。

①霸王合同

有些用人单位严重违反国家相关规定,只约定应聘方应承担的义务和违约责任,而且常常是高代价的违约责任,但对于应聘大学生的权利却没有实质性说明。

②格式条款

有些用人单位按照合同范本事先打印好聘用合同,表面上合同格式规范,但实际条款表述含糊,因此一旦发生劳务纠纷,用人方总会按照"合同"为自己辩护。

③生死合同

有些用人单位为逃避责任,违反国家法律规定,在签订合同时,要求应聘者如果发生病、伤、残、亡等意外事故,单位不承担任何责任。

④保证合同

有些用人单位与应聘者签订两份合同,一份按照国家规定签订,以应付有关部门的监督检查;另外签订一份可能含有较多不合理条款的合同,这才是双方真正履行的合同。

图8-11 合同陷阱

(11)工资陷阱

工资是一个很模糊的概念,包含的内容很多,如福利、保险、奖金等。有的公司在招聘时说的工资很高,但是这些高工资中没有扣除保险、公积金等项目,在大学生入职之后,扣除这些项之后拿到手的工资已经非常少了。

2. 常见就业陷阱的防范

（1）保持正确的择业观和择业心态

大学毕业生求职时应客观分析和评价自我，明确定位，做好职业规划，既不能迫于择业压力而以牺牲合法权益为代价盲目签约，也不能好高骛远。

（2）加强相关法律法规的学习

大学毕业生就业前应主动学习《中华人民共和国劳动法》《中华人民共和国劳动合同法》《中华人民共和国劳动争议调解仲裁法》等有关劳动法律法规，重点了解掌握与自身权益相关的条款和具体内容。同时要通过网络、教材等渠道中的案例了解求职过程中可能遇到的各类就业陷阱，时刻提醒自己规避风险，提高自己发现问题、思考问题、解决问题的能力和素养。

（3）遵循两大原则

第一，不缴纳任何费用。招聘都有成本，但真正招人的正规公司不会把招聘的成本转嫁到应聘者身上，更不会通过招聘来牟利或销售商品。因此，凡是在应聘时碰到公司要收费，这些公司多半有"猫腻"。大学生到人才中介或职业介绍机构求职时，要特别留意该单位的资质，并且应到经劳动部门或人事部门批准的正规机构求职。这些机构往往"明码标价"，服务流程相对规范，且收取费用后会开具正式发票。

第二，不随便签字。当招聘方拿出协议或合同要求签字时，千万要多加留心，仔细阅读内容，并细细斟酌。特别是当遇到以推广、促销产品为名的民事协议时，千万不要签。

（4）规范劳动合同

与用人单位签订劳动合同时，不要相信所谓的口头承诺，必须签订书面合同；要检查合同内容是否完整、清楚、准确，不要用缩写成含糊的文字表达；要注意审核劳动合同是否符合劳动法规的相关规定，要看清劳动合同的附加条款，当面签章。

（5）获取正规信息

第一，从正当渠道获取就业信息，如学校就业指导部门、高校或当地毕业生就业主管部门组织的毕业生供需见面会和人才招聘会；正规权威的人才招聘类专业网站；家长、亲友、老师等值得信赖的社会关系；广播、电视、有权威的报纸、杂志等途径获取的就业信息比较真实可信。

第二，对信息内容做进一步核实、鉴别、分析，防止信息中包含夸大、不实的成分。投递简历前应通过老师及熟人咨询等方式充分了解用人单位的情况，或到用人单位核实。

（6）防止面试风险

求职面试要注意安全，面试前务必告诉家人、同学或老师面试的具体时间和详细地点。如遇非正常上班时间参加面试、面试地点偏僻等情况一定要小心谨慎，提高警惕；不要随便吃喝对方提供的食品饮料；要注意观察招聘人员的言行举止，如果其闪烁其词、言行暧昧或长时间询问私人信息，要果断放弃面试立即离开；如招聘单位要求上交相关证件，只能交复印件并注明证件用途。

（7）防止信息泄露

在求职过程中，要在官方的、正规的人才招聘网站投递简历，不要将个人的详细信息随意发布到招聘网站上。填写个人联系方式时，只留个人的手机号、电子邮箱、通信地址就可以了，不要随意登记家人的姓名和联系方式。

（8）识别就业陷阱

近年来，由于就业竞争日趋激烈，加上大学毕业生往往认为自身"底气"不足，容易导致就业心切、盲目相信虚假招聘广告。受害者们不但没有找到工作，还为此赔了许多冤枉钱。因此大学毕业生应提高警惕，擦亮自己的眼睛，不要轻信虚假招聘广告、非法中介或个别用人单位的"花言巧语"。

（9）注意"三忌"

俗话讲，苍蝇不叮无缝的蛋。大学生在求职时，要注意"三忌"。

第一，忌急心。面对竞争激烈的就业市场，大学生都想尽快找到合适自己的工作，以此来开创自己的美好未来。这样的心情是可以理解的，但是，凡事都要有个"度"。如果过于急切，反而会使自己走入盲目求职的误区，从而使落入就业陷阱的风险加大。大学生应尽量保持相对冷静的心态，要有客观冷静的主动意识。在求职过程中，当发觉自己的心理遇到障碍或压力过大的时候，可以向亲人、老师、职前教育专家或师兄师姐们寻求帮助。

第二，忌糊涂心。大学生投递简历之前，要确实了解该企业的相关情况，认真仔细地思考自己是否适合这项工作；在参加笔试和面试时，要处处留心可能出现的陷阱；在应聘成功后，也不要就此放松警惕，关于试用期和签订合同的有关事项,一定要仔细检查核对,以免自己的权利受到侵犯。

　　第三,忌贪心。年薪几百万元的职位,想想就让人流口水,但是自己只不过是初出茅庐的社会新人,在许多社会人的眼中很可能还是孩子,真的具备赚取这几百万的能力或资格吗?大学生不要被一些诱惑力十足的薪酬条件蒙蔽双眼,失去正确的判断,一定要把握好自己的价值观和职业目标,脚踏实地地做人做事。

参考文献

[1] "整体构建学校德育体系的研究与实验"课题组,辽宁省教委思想政治教育处.大学生心理健康导论 [M].北京:人民出版社,1998.

[2] 陈国梁,唐慧敏.大学生心理健康教育 [M].广州:华南理工大学出版社,2003.

[3] 陈美松,曾文雄,钟碧来.大学生心理健康教育教程 [M].合肥:中国科学技术大学出版社,2007.

[4] 陈庆良,丁昭福,刘明颢.大学生心理学 [M].贵阳:贵州教育出版社,1995.

[5] 陈文宝,王富君.大学生心理与辅导 [M].北京:中国商业出版社,1994.

[6] 成梅,肖曙辉.大学生心理健康教育 [M].湘潭:湘潭大学出版社,2009.

[7] 郭桂萍,曹洁.大学生心理健康教育 [M].北京:北京师范大学出版社,2008.

[8] 韩克文,马晓风.心理健康教育 [M].重庆:西南师范大学出版社,2016.

[9] 黄顺亮,蔡荣芝,王春涛,等.高等教育管理 [M].北京:新世界出版社,2003.

[10] 李培俊,徐京明,王开柱.大学生择业指导概论 [M].东营:石油大学出版社,1995.

[11] 李艳.大学生心理健康教育 [M].北京:北京邮电大学出版社,2017.

[12] 李艳芳,韩燕.新时期高等教育管理路径及实践策略研究 [M].长春:东北师范大学出版社,2018.

[13] 李志,陶宇平.大学生心理及其调适 [M].重庆:重庆大学出版

社,1998.

[14] 辽宁省教委思想政治教育处,整体构建学校德育体系的研究与实验课题组.大学生心理健康导论 [M].大连:大连理工大学出版社,1998.

[15] 刘建锋,石静.大学生心理健康教育 [M].上海:上海交通大学出版社,2020.

[16] 刘巧华.大学生身心健康教育 [M].北京:北京出版社,2008.

[17] 栾贻福,郑立勇,周晶,等.大学生心理健康教育 [M].广州:华南理工大学出版社,2018.

[18] 马剑侠.大学生心理健康教育 [M].开封:河南大学出版社,1999.

[19] 孟荣花.大学生心理学 [M].郑州:河南人民出版社,1994.

[20] 彭晓华,刘志伟.大学生职业规划与就业指导 [M].北京:中国商务出版社,2009.

[21] 齐斯文,贺一明,吴迪.大学生心理健康 [M].长春:吉林出版集团股份有限公司,2018.

[22] 全国高等教育自学考试指导委员会组,柯佑祥.高等教育管理自学辅导 [M].上海:华东师范大学出版社,2002.

[23] 饶燕婷,王琪.走进世界名校 美国 [M].上海:上海交通大学出版社,2012.

[24] 孙非.大学生心理导论 [M].北京:中国经济出版社,1992.

[25] 唐俊兵,刘磊,周璠.大学生心理健康实用教程 [M].北京:中国书籍出版社,2012.

[26] 王宝堂.当代高等教育管理与实践路径研究 [M].青岛:中国海洋大学出版社,2018.

[27] 王金凤,柴义江.大学生心理健康教育 第4版 [M].北京:清华大学出版社,2017.

[28] 王晋.大学生心理健康 第2版 [M].北京:北京大学出版社,2008.

[29] 王萍,刘晓明.大学生心育导论 [M].长春:吉林大学出版社,1995.

[30] 王文科.大学生生命与心理健康教育 [M].北京:北京理工大学出版社,2020.

[31] 王艳.高等教育管理与大学生心理健康教育 [M].成都：电子科技大学出版社,2017.

[32] 王玉杰.大学生心理健康 [M].北京：北京工业大学出版社,2018.

[33] 魏双锋,孙俊芳.大学生心理健康教育 [M].成都：电子科技大学出版社,2017.

[34] 夏小林,李晓军,李光.大学生心理健康 [M].杭州：浙江大学出版社,2011.

[35] 肖水源.大学生心理健康 [M].北京：人民卫生出版社,2005.

[36] 姚纬明,余达淮,曹菱红.高等教育管理 [M].南京：河海大学出版社,2004.

[37] 臧平,张金明,矫宇,等.大学生心理健康教育 [M].北京：高等教育出版社,2012.

[38] 张冬梅,谷丹.大学生心理健康教育 [M].北京：北京邮电大学出版社,2018.

[39] 张建平,李璐.心理健康指导手册 [M].北京：国家行政学院出版社,2013.

[40] 张金明,蒲文慧,陆时莉,等.大学生心理健康教育 [M].北京：北京邮电大学出版社,2011.

[41] 郑航月,夏小林.大学生心理健康教育 [M].重庆：重庆大学出版社,2018.

[42] 周强,汪滨琳.教育管理学教程 [M].哈尔滨：哈尔滨工程大学出版社,2003.

[43] 朱卫嘉.大学生心理素质培养与训练 [M].成都：西南交通大学出版社,2002.

[44] 张运生.论当代大学生交往心理特点 [J].河南大学学报（医学科学版）,1997.

[45] 连榕.建构,情境主义的学习观与高校教学改革 [J].海峡高教论坛,2000.

[46] 段海瑛.大学生心理卫生问题和心理咨询探讨 [J].中国校医杂志,2006.

[47] 邬英英.美国高等教育的宏观管理体制探讨 [J].世界教育信息,2010.

[48] 熊淑玲 . 大学生就业心理压力剖析 [J]. 江西电力职业技术学院学报 , 2007.

[49] 王峰 . 美国高等教育运行机制对我国高等教育的启示 [J]. 中国成人教育 , 2012.

[50] 李帮权 , 田炼 . 新时代大学求职者就业期间开展防骗教育的思考 [J]. 经济与社会发展研究 , 2020.

[51] 袁锐锷 , 李阳秀 . 新加坡教育行政管理模式探讨 [J]. 复印报刊资料 (教育学), 1996.

[52] 翟晓美 . 我国成人高等教育管理体制改革的建议 [J]. 湖北大学成人教育学院学报 , 2009.

[53] 王鹏飞 , 刘应君 . 大学生就业心理维度与救助模式 [J]. 湘潭师范学院学报 (社会科学版), 2007.

[54] 金广 , 邓丽丽 . 当代大学生就业心理问题及对策分析 [J]. 湖南科技学院学报 , 2010.

[55] 薛国仁 , 尹丽 . 高等教育原则论 [J]. 复印报刊资料 (高等教育), 1997.

[56] 杨晓波 . 美国州级高等教育管理机构的形成及其特点 [J]. 国家教育行政学院学报 , 2003.

[57] 杨琳 . 人格视域下的高职大学生全面发展内涵探析 [J]. 杨凌职业技术学院学报 , 2016.

[58] 张淑玲 . 当代大学生人际交往心理障碍及消除 [J]. 承德民族师专学报 , 1996.

[59] 张恩泰 , 任毅 , 张小培 . 新形势下大学生就业心理分析及对策 [J]. 重庆科技学院学报 (社会科学版), 2007.

[60] 武建芬 , 孙明涛 . 心理健康教育 : 高职学生德育的一个重要内容 [J]. 山东商业职业技术学院学报 , 2002.

[61] 薛天祥 . 高等教育管理改革的理论基础 [J]. 复印报刊资料 (高等教育), 2001.

[62] 杜梅 . 大学毕业生求职心理指导 , 克服心理障碍 [J]. 山东青年 , 2003.

[63] 孙士海 . 美国大学自治的制度保障探析及启示 [J]. 教育理论与实践 (学科版), 2009.

[64] 王婷 . 对我国高等教育行政权力结构的思考 : 从美国模式谈起

[J]. 复旦教育, 2002.

[65] 丁术, 罗婷. 品德不良大学生的心理特点与矫正 [J]. 四川生殖卫生学院学报, 2005.

[66] 鞠晓辉, 何召祥. 大学生的就业准备 [J]. 人才开发杂志, 2004.